mentor Lernhilfe

Latein

ab 2. Lernjahr

Grammatik:
Formen und Strukturen
erkennen und übersetzen

Boris Prem
Christine Prem

Mit ausführlichem Lösungsteil zum Heraustrennen

Extra: Lerntipps!

In Zusammenarbeit
mit Langenscheidt

Eine Klasse besser.

Über die Autoren:

Boris Prem: Gymnasiallehrer für Latein, Griechisch und Deutsch

Christine Prem: Gymnasiallehrerin für Latein, Griechisch und Geschichte

Lerntipps:
Alexander Geist, staatlicher Schulpsychologe an einem Gymnasium

Redaktion: Jana Liedgens, München

Illustrationen: Margarethe Rief, Obersöchering

Layout: Barbara Slowik, München

Umwelthinweis: Gedruckt auf chlorfrei gebleichtem Papier.

Auflage:	10.	9.	8.	7.	6.	Letzte Zahlen
Jahr:	10	09	08	07	06	maßgeblich

© 1998 mentor Verlag GmbH, München
Druck: Mercedes-Druck, Berlin
Printed in Germany
www.mentor.de

ISBN-13: 978-3-580-63591-6
ISBN-10: 3-580-63591-3

Inhalt

Benutzerhinweise

Eine Reihe von Kapiteln beginnt mit einem Vortest, der dir dabei hilft, dich selbst besser einzuschätzen.

Diese Übung darfst du direkt ins Buch machen.

Diese Übung sollst du auf einen Block oder besser in ein besonderes Übungsheft machen.

Hier steht eine Regel oder Definition.

Was neben diesem Ausrufezeichen steht, solltest du dir ganz besonders gut merken! Du wirst dann eine Menge Fehler vermeiden.

Hier findest du einen Merkspruch oder eine Eselsbrücke.

Hier findest du Informationen über die Antike oder eine Geschichte.

Hallo, liebe Lateinerin, lieber Lateiner,

du hast beschlossen, deine Wissenslücken in Latein zu schließen oder dich für die nächste Klassenarbeit fit zu machen? Gratuliere! Dann bist du bei uns genau richtig!

Diese „mentor Lernhilfe" ist einerseits ein „Grammatikwiederholungsbuch":

Du findest hier aber nicht einfach alles, was auch in deinen Schulbüchern steht, in etwas anderen Worten wieder. Denn hier wird dir der Grammatikstoff nicht fertig zum Auswendiglernen vorgesetzt, sondern du bist aufgefordert, selbst mitzudenken. Du erarbeitest dir nämlich die Grammatikparagraphen, die du wiederholen willst, selbst noch einmal. Denn nur so wirst du sie wirklich verstehen und behalten! (Und viel mehr Spaß macht es so auch!) Eine besondere Hilfe wird dir sein, dass wir dich laufend auf Verwechslungsmöglichkeiten hinweisen. Hast du dir schon mal klar gemacht, wie oft dir ein Fehler ganz einfach deshalb passiert, weil du irgendeine Form mit einer anderen verwechselst?

Diese „mentor Lernhilfe" ist andererseits aber auch ein „Grammatikübungsbuch":

Sobald du dir einen Grammatikparagraphen erarbeitet hast, übst du ihn ein. Zu diesem Zweck haben wir dir viel abwechslungsreiches Übungsmaterial zusammengestellt.
Ums Übersetzen kommst du natürlich nicht herum – in Klassenarbeiten wird schließlich vor allem das verlangt. Aber keine Angst: In den Texten dieses Buches geht es nicht immer nur um Themen, wie du sie aus deinem Lateinbuch kennst. Du bekommst auch mal einen lateinisch sprechenden Fußballreporter zu hören oder wirst in die Disko entführt.
Die vielen Illustrationen sollen nicht nur deine Phantasie beflügeln und Spaß machen, sondern sie sind oft auch direkt in die Übungen einbezogen. Du wirst bald merken, dass du mit Bildern viel besser lernen kannst.

Es gibt Übungen, für die du einen Block oder besser ein Heft brauchst. Andere kannst du direkt ins Buch schreiben. Am besten benutzt du hier einen Bleistift: Bei dem Vergleich mit dem **Lösungsteil S. 127 ff.** kannst du deine Fehler dann gleich wieder ausradieren.

Und so packst du's an:

- Angenommen, es sind Ferien, und du hast dir fest vorgenommen, jeden Tag – sagen wir, eine halbe Stunde lang – etwas für Latein zu tun. Du weißt aber nicht, wo genau du deine Lücken hast. Dann machst du zunächst die **Vortests.** Wenn du einen Vortest bestanden hast, darfst du das Kapitel überspringen. Je nachdem, wie gut du bist, kommst du schneller oder langsamer durch das Buch.

– Wenn du kurz vor einer Klassenarbeit stehst und den entsprechenden Stoff wiederholen willst, schlägst du im **Inhaltsverzeichnis S. 3** nach.
– Wenn du einen ganz bestimmten Grammatikbegriff suchst, den du vielleicht auch im Inhaltsverzeichnis nicht finden kannst, schlägst du im **Stichwortverzeichnis S. 125 f.** nach!

Das Kapitel F zu den unregelmäßigen Verben solltest du auf jeden Fall bearbeiten (hier gibt es keine Vortests). Von diesem Teil wirst du mit Sicherheit besonders profitieren.

Übrigens: Wegen unbekannter Wörter brauchst du dir nicht den Kopf zu zerbrechen. Alle Vokabeln, die du eventuell nicht kennen könntest, werden in Fußnoten erklärt.

Ganz wichtig: Alles, was noch nicht in der Schule dran war, lässt du natürlich aus!

Und jetzt geht's los!

Boris und Christine Prem und mentor Verlag

Adjektiv und Adverb

1. Die Adjektive der dritten Deklination
oder: Von Albanern und Römern

Setze die richtigen Endungen ein!

brev..... tempore	in kurzer Zeit
bella atroc..........	schreckliche Kriege
odium immortal.....	unsterblicher Hass
hominum crudel..........	der grausamen Menschen
arma veter.....	die alten Waffen
cibos dulc..........	süße Speisen
cum amico divit.....	mit einem reichen Freund

Nur wenn du gar keinen Fehler hast, darfst du das folgende Kapitel überspringen. Es geht dann für dich weiter auf S. 15.

Kennst du die Albaner? Also die Bewohner des heutigen Albanien?
Nein, es gibt noch andere Albaner, nämlich die Einwohner der Stadt Alba Longa. Romulus, der Gründer Roms, stammte z. B. aus Alba Longa.

Castel Gandolfo, vormals Alba Longa

Numitor, der Vater von Romulus' Mutter Rea Silvia, soll hier König gewesen sein.

Alba Longa lag nur wenige Kilometer südöstlich von Rom. Heute befindet sich dort die Sommerresidenz der Päpste und der Ort ist nun unter dem Namen Castel Gandolfo bekannt.

Wenn du mal nach Rom kommst, dann gönn dir doch einen Ausflug nach Castel Gandolfo! Du hast von dort eine herrliche Aussicht: Bis zur Kuppel der Peterskirche kannst du sehen, aber auch bis zum Meer und hinab zum Albaner See.

Auf die alten Albaner kommen wir schon wieder zurück. Nun aber erst mal ran an die Grammatik.

Die meisten Adjektive der dritten Deklination gehören zur Mischklasse, nur wenige werden rein konsonantisch gebeugt. Hast du noch alle Endungen im Kopf?

Übung

A 1

Ergänze die folgenden Tabellen, ohne zu spicken! Schreibe am besten mit Bleistift, damit du Fehler wieder ausradieren kannst.

a) Adjektive der Mischklasse

1. Dreiendige Adjektive:

Nom. Sing.	Maskulinum	Femininum	Neutrum
	gladius acer	*pugna acris*	*ingenium acre*
	scharfes Schwert	heftiger Kampf	hitziges Gemüt

		Maskulinum	Femininum	Neutrum
Sing.	Nom.	gladius acer	pugna acris	ingenium acre
	Gen.	gladii acris	pugnae acris	ingenii acris
	Dat.	gladio acr......	pugnae acr......	ingenio acr......
	Akk.	gladium acrem	pugnam acrem	ingenium acr......
	Abl.	gladio acr......	pugna acr......	ingenio acr......
Pl.	Nom.	gladii acres	pugnae acres	ingenia acr......
	Gen.	gladiorum acr......	pugnarum acr......	ingeniorum acr......
	Dat.	gladiis acribus	pugnis acribus	ingeniis acribus
	Akk.	gladios acres	pugnas acres	ingenia acr......
	Abl.	gladiis acribus	pugnis acribus	ingeniis acribus

2. Zweiendige Adjektive:

Nom. Sing.	Maskulinum	Femininum	Neutrum
	miles gravis	*tempestas gravis*	*vulnus grave*
	schwer bewaff- neter Soldat	gewaltiges Unwetter	schwere Wunde

		Maskulinum	Femininum	Neutrum
Sing.	Nom.	miles gravis	tempestas gravis	vulnus grave
	Gen.	militis grav......	tempestatis grav......	vulneris grav......

Die übrigen Formen werden wie die von *acer, acris, acre* gebildet. Führe diese Tabelle selbstständig im Heft zu Ende und vergleiche deine Lösungen dann mit den Endungen von *acer, acris, acre*.

3. Einendige Adjektive:

Nom. Sing.	Maskulinum	Femininum	Neutrum
	campus ingens	*pecunia ingens*	*corpus ingens*
	riesiges Feld	enorme Geldsumme	gewaltiger Körper

		Maskulinum	Femininum	Neutrum
Sing.	Nom.	campus ingens	pecunia inge.......	corpus inge.......
	Gen.	campi ingentis	pecuniae ingentis	corporis ingentis

Auch hier geht es weiter wie *acer, acris, acre*. Führe die Tabelle im Heft zuende.

b) Ergänze auch noch die Formen folgender Adjektive der konsonantischen Deklination.

Nom. Sing.	Maskulinum	Femininum	Neutrum
	vir vetus	*femina vetus*	*consilium vetus*
	alter Mann	alte Frau	alter Plan

		Maskulinum	Femininum	Neutrum
Sing.	Nom.	vir vetus	femina vetus	consilium vetus
	Gen.	viri veteris	feminae veteris	consilii veteris
	Dat.	viro veteri	feminae veteri	consilio veteri
	Akk.	virum veterem	feminam veterem	consilium vet......
	Abl.	viro veter......	femina veter......	consilio veter......

		Maskulinum	**Femininum**	**Neutrum**
Pl.	**Nom.**	viri veter*es*	feminae veter*es*	consilia veter___
	Gen.	virorum	feminarum	consiliorum
		veter___	veter___	veter___
	Dat.	viris veter*ibus*	feminis veter*ibus*	consiliis veter*ibus*
	Akk.	viros veter*es*	feminas veter*es*	consilia veter___
	Abl.	viris veter*ibus*	feminis veter*ibus*	consiliis veter*ibus*

Hat es geklappt? Vergleiche deine Einträge nun mit dem Lösungsteil und bessere eventuelle Fehler aus. Auf keinen Fall darf etwas Falsches stehen bleiben.

Übrigens: Was soll überhaupt das Gerede von **dreiendigen**, **zweiendigen** und **einendigen** Adjektiven?

Ob ein Adjektiv **einendig**, **zweiendig** oder **dreiendig** ist, hängt allein davon ab, wie viele Endungen es im ① ___

② ___ hat.
Im Genitiv, Dativ und Ablativ ist die Endung bei den Adjektiven der dritten Deklination für alle drei Geschlechter dieselbe.

(Lückentexte wie diesen findest du häufig in diesem Buch. Trage auch hier – genau wie bei den Übungen – die Lösung zunächst mit Bleistift ein. Die Wörter, die in den Lücken stehen müssen, findest du für jede Seite mit farbigen, eingekreisten Zahlen nummeriert im Lösungsteil.)

Bilde von den folgenden Adjektiven den Nominativ Singular für alle drei Geschlechter und entscheide dann, ob sie zu den dreiendigen, zu den zweiendigen oder zu den einendigen Adjektiven gehören!

	Maskulinum	**Femininum**	**Neutrum**	**Endigkeit**
immanis (gewaltig)	___	___	___	___
celer (schnell)	___	___	___	___
audax (wagemutig)	___	___	___	___

Warum eigentlich muss man bei den dreiendigen und zweiendigen Adjektiven – anders als bei den Substantiven – den Genitiv nicht mitlernen? Weil der

Genitiv dieser Adjektive immer mit dem ① ___

② ___ des Femininums übereinstimmt.

Du lernst also so:

alacer, alacris, alacre – lebhaft, munter
(Maskulinum + Femininum + Neutrum im Nominativ Singular)

brevis, breve – kurz
(Maskulinum ≙ Femininum + Neutrum im Nominativ Singular)

Bei den einendigen Adjektiven lernst du hingegen den Genitiv mit, wie du es auch von den Substantiven gewohnt bist:

ingens, ingentis – ungeheuer, gewaltig
(Maskulinum ≙ Femininum = Neutrum im Nominativ Singular + Maskulinum ≙ Femininum = Neutrum im Genitiv Singular)

Jetzt vergleich doch mal die Endungen der Adjektive der dritten Deklination mit den Endungen der Adjektive der *a-/o*-Deklination, die du schon länger kennst. Bestimmt fällt dir auf, dass es bei den Adjektiven der dritten Deklination insgesamt weniger unterschiedliche Endungen gibt. Denn:

– Die Endung *-is* z. B. bezeichnet in der dritten Deklination immer den Genitiv Singular aller drei Geschlechter.
– Die Endung *-i* steht gleich sowohl für alle drei Geschlechter des Dativ Singular als auch für alle drei Geschlechter des Ablativ Singular (Ausnahme: die rein konsonantisch deklinierten Adjektive).

Du siehst: Bei den Adjektiven der dritten Deklination hat die einzelne Endung extrem viele Verwendungsmöglichkeiten. Daher musst du den Textzusammenhang besonders scharf analysieren, um die jeweils einzig richtige Übersetzung zu finden!

Wenn man nun noch bedenkt, dass es auch bei den Adjektiven der *a-/o*-Deklination die Endungen *-is* und *-i* gibt, dort aber für andere Kasus und auch andere Numeri (!), dann wird die Sache erst recht verzwickt.

Mache dir bei den Endungen mit besonders vielen Verwendungsmöglichkeiten hier einmal systematisch klar, was sie alles bedeuten können (Der Vokativ, der ja nicht so häufig vorkommt, bleibt hier unberücksichtigt):

Die Endung *-is*

Bei *acer, acris, acre*, einem **dreiendigen** Adjektiv der **dritten** Deklination, bezeichnet die Endung *-is*

1. den Nom. Sing. Fem.,

pugna acris = ① ....

2. den Genitiv Singular aller drei Geschlechter.

gladii acris = ② ....

pugnae acris = ③ ....

ingenii acris = ④ ....

Bei *gravis, grave*, einem **zweiendigen** Adjektiv der **dritten** Deklination, bezeichnet die Endung *-is* außerdem noch
den Nom. Sing. Mask.

miles gravis = ⑤ ....

Bei *bonus, bona, bonum*, einem Adjektiv der *a-/o*-Deklination, bezeichnet die Endung *-is*

1. den ⑥ .... Plural aller drei Geschlechter,

bonis viris = ⑦ ....

bonis feminis = ⑧ ....

bonis carminibus = ⑨ ....

2. den ⑩ .... Plural aller drei Geschlechter.

cum viris bonis = ⑪ ....

cum feminis bonis = ⑫ ....

carminibus bonis = ⑬ ....

Die Endung *-is* bei einem Adjektiv hat also insgesamt ⑭ .... Verwendungsmöglichkeiten.

Die Endung *-i*

Bei *acer, acris, acre* bezeichnet die Endung *-i*

1. den ⑮ .... Singular aller drei Geschlechter,

gladio acri = ⑯ ....

tempestati acri = ⑰ ....

ingenio acri = ⑱ ....

2. den ⑲ .... Singular aller drei Geschlechter.

gladio acri = ⑳ ....

tempestate acri = ㉑ ....

ingenio acri = ㉒ ....

Bei *bonus, bona, bonum* aber bezeichnet die Endung

1. den ㉓ .... Singular Maskulinum und Neutrum,

boni viri = ㉔ ....

boni carminis = ㉕ ....

2. den ㉖ .... Plural Maskulinum.

boni viri = ㉗ ....

Die Endung *-i* bei einem Adjektiv hat also insgesamt ㉘ .... Verwendungsmöglichkeiten.

Die Endung *-e*

Bei **dreiendigen** und **zweiendigen** Adjektiven bezeichnet die Endung *-e*

1. den ㉙ .... Singular Neutrum,

ingenium acre = ㉚ ....

ingenium liberale = ㉛ ....

2. den ㉜ .... Singular Neutrum.

ingenium acre = ㉝ ....

ingenium liberale = ㉞ ....

Bei den **reinen Konsonantenstämmen** (die wichtigsten sind *dives, vetus, pauper*) bezeichnet die Endung *-e*

den ㉟ .... aller drei Geschlechter.

cum viro vetere = ㊱ ....

cum femina vetere = ㊲ ....

consilio vetere = ㊳ ....

Die Endung *-e* bei einem Adjektiv hat also insgesamt ㊴ .... Verwendungsmöglichkeiten.

Beinahe wäre es zwischen Alba Longa und Rom, obwohl beide Städte ja durch Romulus eng verschwistert waren, zum Krieg gekommen. Römische Bauern plünderten nämlich auf albanischem Boden, und ein paar Albaner taten auf römischem Boden dasselbe. Darauf schickten beide Städte Gesandte aus, um Genugtuung zu fordern. Die Angelegenheit drohte in einen Krieg auszuarten.

Schließlich fand man aber eine „relativ friedliche" Lösung. In jedem der beiden Heere standen Drillingsbrüder, die man gegeneinander antreten ließ. Aufseiten der Römer die Horatier, aufseiten der Albaner die Curiatier. Das Volk der siegreichen Drillingsbrüder sollte über das andere Volk friedlich herrschen.

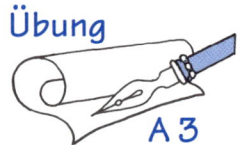

Übung

A 3

Ergänze die richtigen Endungen und übersetze anschließend! Da dieser Text ziemlich lang ist, kannst du zum Übersetzen einen Kassettenrekorder verwenden. Du sprichst die deutsche Übersetzung einfach auf die Kassette und vergleichst sie dann mit dem Lösungsteil. Die ersten acht Sätze solltest du allerdings schon schriftlich übersetzen.

a) *-is* oder *-es*?

1. Ante pugnam sacerdotes[1] nomen Iovis, dei commun........, implorant[2].

2. Imman........ turba trigeminos[3] circumstat.

3. Iuvenes feroc........ in medium inter duas acies[4] prodeunt[5].

4. Datur signum infest........que[6] armis iuvenes concurrunt[7].

5. Vocibus magn........ exercituum iuvenes ad pugnam incitantur.

6. Pugna acr........ est.

7. Spectatores innumerabil........ horror ingens tenet[8].

8. Non solum motus mirabil........ corporum iuvenum vident sed subito etiam sanguinem[9].

1 *sacerdos, otis,* m: Priester • 2 *implorare:* anrufen, anflehen • 3 *trigemini, orum,* m: Drillingsbrüder • 4 *acies, ei,* f: Schlachtreihe • 5 *prodeunt:* sie treten (hervor) • 6 *infestus, a, um:* bedrohlich, kampfbereit • 7 *concurrunt:* sie laufen aufeinander zu • 8 *tenere, teneo:* hier: erfassen • 9 *sanguis, inis,* m: Blut

Was ist passiert?

b) *-is* oder *-i*?

1. Duo ex Romanis necati sunt, tres ex Albanis vulnerat.... sunt.

2. Tertius Horatius autem incolum........ est.

3. Romani iam desperant: Tres-ne vulnerati uni incolum.... pares erunt?

4. Horatium necare temptant, sed mirabil.... cum celeritate fugae se dat.

5. Mox primus Curiatius pede celer.... Horatio appropinquat.

6. Frustra Albani ceteros Curiatios monent: Fratri audac___ auxilium date!

7. Romanus fort___ eum necat.

8. Iam secundus Curiatius a Romano fort___ non procul est.

9. Horatius etiam secundum Curiatium grav___ ictu[1] necat.

10. Duplic___ victoria elatus[2] ultimum certamen init[3].

1 *ictus, ūs,* m: Schlag • 2 *elatus, a, um:* ermutigt • 3 *init:* er tritt an (zu)

c) *-i* oder *-e*?

1. Tertius Curiatius turp___ vulnere fessus[1] est.

2. Telum grav___ vix portare potest.

3. Corpus incredibil___ labore in Romanum portat.

4. Clade atroc___ fratrum iam ante pugnam
   superatus est.

5. Romanus ingent___ voce clamat: „Te sacrifi-

   cium vil___ fratribus addam[2]. Nunc Romani

   genti nobil___ Albanorum imperabunt."

6. Horatius quasi cum veter___ milite pugnat.

   Lev___ ictu eum necat.

7. Romani divit___ terra Albanorum potiuntur[3].

1 *fessus, a, um:* erschöpft • 2 *addam:* ich werde hinzufügen • 3 *potiuntur* + Ablativ: sie
bemächtigen sich

2. Das Adverb auf *-e*
oder: Von den salischen Tanzpriestern

Welche der folgenden Wörter sind Adverbien? Kreuze an!
- ☐ hodie
- ☐ paupere
- ☐ iuste
- ☐ simile
- ☐ raro
- ☐ nobile
- ☐ frustra
- ☐ mox

Vortest

Nur wenn du gar keinen Fehler hast, darfst du das folgende Kapitel überspringen und auf S. 19 weitermachen.

„Wo warst du?", „Wann habt ihr euch getroffen?", „Wie lange seid ihr schon zusammen?", „Weshalb hast du mir das nicht gleich gesagt?"

Magst du neugierige Menschen? Also, wenn es die **adverbiale Bestimmung** nicht gäbe, dann hättest du mit solchen Fragen kein Problem. Du könntest nämlich gar keine Antwort geben, denn nur mithilfe von adverbialen Bestimmungen kann man auf die genannten und viele weitere W-Fragen antworten.

Allerdings kannst du verschiedene Arten von adverbialen Bestimmungen verwenden, um auf eine Frage wie „Wo warst du?" zu antworten. Meistens antwortest du mit mehreren Wörtern, z. B.: „In der Disko". In diesem Fall besteht

die adverbiale Bestimmung aus drei Wörtern, einer ① ....,

dem bestimmten ② .... und einem ③ ....

Wenn du sauer bist, antwortest du aber vielleicht nur mit einem einzigen Wort: „Nirgends!" Eine adverbiale Bestimmung, die nur aus einem einzigen

Wort besteht, heißt ④ ....

Innerhalb der Adverbien gibt es auch noch einmal zwei Gruppen. **Ursprüngliche Adverbien** und solche, die von einem Adjektiv abgeleitet werden, also **abgeleitete Adverbien**.

„Nirgends" bzw. *nusquam* sind so genannte ursprüngliche Adverbien. *Iuste*

hingegen ist ein abgeleitetes Adverb. Es ist von dem Adjektiv ⑤ ....,

-⑥ ...., -⑦ .... = ⑧ .... abgeleitet.

Übrigens: Abgeleitete Adverbien sind im Gegensatz zu den urspünglichen Adverbien und auch im Gegensatz zu den adverbialen Bestimmungen, die aus mehreren Wörtern bestehen, sehr „einsilbig". Sie antworten immer nur

auf die eine Frage: ⑨ ....

Zu Adjektiven der *a-/o*-Deklination bildest du das abgeleitete Adverb, indem du an den Wortstock des Adjektivs die Endung ⑩ .... anfügst.

*iust-us, iust-a, iust-um > iust- > iust-*⑪ ....

Wie übersetze ich ein Adverb?

Das Deutsche hat für das abgeleitete Adverb normalerweise keine vom Adjektiv unterschiedene Form. Nur wenn du das Adverb besonders kenntlich machen willst, kannst du es mit „in ... Weise" übersetzen, also:

Rex iustus = der gerechte König
Rex iuste regnat = Der König herrscht gerecht. – oder

Der König herrscht ⑫ .... gerechter ⑬ ....

Schwierigkeiten bei der Übersetzung aus dem Lateinischen ergeben sich hauptsächlich dann, wenn du nicht genau weißt, ob ein Adjektiv zur a-/o-Deklination gehört oder aber zur dritten Deklination. Auch in der dritten Deklination gibt es nämlich – wie wir im vorigen Kapitel gesehen haben – gleich mehrfach die Endung *-e*, allerdings nicht als Adverb-Endung! (Wenn du dir diese Formen noch einmal ins Gedächtnis rufen möchtest, schlage S. 7 ff. auf.) Du musst also gut aufpassen, dass du Adjektive der dritten Deklination mit der Endung *-e* nicht für Adverbien hältst! Machst du die folgende Übung, wird es dir nicht mehr so leicht passieren.

Kennst du die *Salii*, die Salier? 24 dieser Salierpriester dienten, in zwei Tanzpriesterkollegien eingeteilt, schon in der römischen Königszeit dem Kriegsgott Mars. Merkwürdig ist ihre altertümliche Tracht: rote *tunica*, eherner Brustschutz, die *trabea* (ein weißer Mantel mit scharlachroten Streifen und Purpursaum), auf dem Kopf der *apex* (ein hoher in eine Spitze auslaufender eherner Helm). Außerdem waren sie ausgestattet mit den *ancilia*, den heiligen Schilden, die sie beim Tanz mit einem lanzenartigen Stab schlugen. Im März und Oktober zogen sie in diesem Aufzug durch Rom, sangen und führten Waffentänze sowie feierliche Reigen auf. In ihrem Gefolge waren die *saliae virgines*, die salischen Jungfrauen.

Geschichtslehrer Polyhistor hat so anschaulich von den Saliern berichtet, dass Sabrina sogar nachts von ihnen träumt. Sie sieht sich selbst in den Gewändern einer *salia virgo*, überall um sie herum tanzen salische Priester. Als sie um sich blickt, glaubt sie, die Diskothek ihrer Heimatstadt wiederzuerkennen, die sie aus Schüchternheit noch nicht oft betreten hat. Aber heute fühlt sie sich ganz sicher: In ihrem merkwürdigen Gewand dürfte sie ja kaum jemand wiedererkennen.

Insgesamt drei Jungs wollen mit ihr tanzen. Die beiden ersten, die sie zum Tanz auffordern, gefallen ihr nicht so gut. Sie gibt ihnen einen Korb und wundert sich selbst darüber, dass sie plötzlich den Mut dazu hat. Schließlich aber stellt sich ihr Traummann ein …

Übung

A 4

Unterstreiche im folgenden Text alle Adjektive und von einem Adjektiv abgeleiteten Adverbien und schreibe sie so, wie du sie zu lernen gewohnt bist, in dein Heft. Also: *celeber, celebris, celebre* – viel besucht, belebt, gefeiert. Anschließend übersetzt du den Text.

(Auch hier kannst du wieder eine Kassette mit deiner Übersetzung besprechen. Die ersten acht Sätze übersetze aber bitte in jedem Fall schriftlich.)

Mecum-ne saltas?

a) 1. Marius aedificium celebre intrat. Statim Sabrinam videt.
2. Arma vix portare potest.
3. Corpus muliebre Sabrinae admirat.
4. Sabrinam assidue cingit[1].
5. Eam plus[2] amat quam omne argentum mundi.
6. Cor[3] Marii forte autem non est.
7. Tamen denique verbum incredibile vocat: „Mecum-ne saltas[4]?"
8. Sabrina Marium superbe dimittit[5].

1 *cingit:* er umkreist • 2 *plus:* mehr • 3 *cor, dis,* n: *Herz* • 4 *saltare:* tanzen • 5 *dimittit:* sie schickt weg

Mecum salta!

b) 1. Nunc Dominik Sabrinae appropinquat.
2. Apex tectum humile discothecae paene tangit[1].
3. Corpus Dominiki rude est. Sabrinae non placet.
4. Statim cupide Sabrinae imperat: „Mecum salta!"
5. Manu ingenti puellam comprehendit[2]. Sabrina se liberare non potest.
6. Vi hominis dure vexatur.
7. Odium terribile Sabrinam tenet[3].
8. Secum cogitat: „Horribile monstrum est."
9. Dominik rosa[4] vetere Sabrinam delectare vult[5].
10. Sabrina donum turpe non accipit[6].

1 *tangit:* er berührt • 2 *comprehendit:* er umfasst • 3 *tenere, teneo:* hier: erfassen • 4 *rosa, ae,* f: *Rose* • 5 *vult:* er will • 6 *accipit:* sie nimmt an

Es-ne parata mecum saltare?

c) 1. Denique Alexius pulchritudine Sabrinae illicitur[1].
2. Post silentium breve eam honeste rogat: „Es-ne parata mecum saltare?"
3. Alexius pulchre saltat.
4. Ancile decore movet.
5. Collum molle Sabrinae teneris digitis captat.
6. Sabrina secum cogitat: „Quale beneficium est saltare cum Alexio!"
7. Post saltationem (!) Alexius vinum dulce Sabrinae praebet.
8. Sabrina adhuc pulchre de Alexio dicit[2].

1 *illicitur:* er wird angelockt • 2 *dicit:* sie spricht

3. Komparativ und Superlativ oder: Von körperlichen und geistigen Athleten

Bestimme **Steigerungsstufe** (Positiv, Komparativ, Superlativ) und **Wortart** (Adjektiv, Adverb) der folgenden Wörter. Auch mehrere Lösungen können richtig sein. (Den Vokativ brauchst du in dieser Übung nicht zu berücksichtigen.)

✓ortest

dubius   Pos. Adj.

nobilissimis   ....

celerius   ....

velociter   ....

varius   ....

audaciter   ....

acerrime   ....

pulchrius   ....

peioribus   ....

lente   ....

Wenn du gar keinen oder nur einen Fehler hast, darfst du das folgende Kapitel überspringen (weiter auf S. 26).

Kennst du die Anekdote von Achilles, dem griechischen Helden vor Troja, und der Schildkröte? Achilles versucht, die Schildkröte einzuholen, aber immer wenn er an den Punkt gelangt ist, den die Schildkröte gerade erreicht hatte, dann ist sie schon wieder ein Stück weiter – und so holt er sie nie ein.

Kreuze das Richtige an!

☐ Die Schildkröte ist ein langsames Tier.

☐ Die Schildkröte ist ein schnelles Tier.

Hoffentlich hast du beides angekreuzt, denn es ist natürlich relativ, ob eine Schildkröte schnell ist oder langsam. Wenn du die Schildkröte z. B. mit einem Leoparden vergleichst, dann ist sie sehr langsam, wenn du sie aber mit einer Schnecke vergleichst, dann ist sie schon ganz schön schnell.

3.1 Komparativ und Superlativ beim Adjektiv

Auch die Römer haben die Dinge häufig nicht einfach als langsam oder schnell, groß oder klein bezeichnet, sondern sie miteinander verglichen. Im Lateinischen gibt es – genau wie im Deutschen – zunächst die **Grundstufe eines Adjektivs**, seine „Normalform". Man bezeichnet sie als ① ....

Die **erste Steigerungsstufe**, den ② ...., kannst du im Lateinischen normalerweise (außer Nominativ und Akkusativ Singular Neutrum) an der Buchstabenfolge -③ .... erkennen. Das gilt sowohl für die Adjektive der *a-/o-*Deklination als auch für die Adjektive der ④ .... Deklination. Nur im Nom. und Akk. Sing. Neutr. lautet die Endung des Komparativs -⑤ ....

Wenn du nicht mehr genau weißt, wie der Komparativ im Einzelnen dekliniert wird, dann sieh noch mal in deiner Schulgrammatik nach!

❗ Die Endung des Ablativ Singular ist beim **Komparativ** für alle drei Geschlechter <u>nicht</u> *-i* (wie beim Positiv der Adjektive der Mischklasse: *acr-i*), sondern *-e* (wie bei den reinen Konsonantenstämmen), also *iustiore* (vgl. *divit-e*).
Die Endung des Nom. und Akk. Pl. Neutr. ist <u>nicht</u> *-ia* (wie in *acr-ia*), sondern *-a* (wie in *divit-a*), also *iustior-a*.
Die Endung des Genitiv Plural aller drei Geschlechter ist <u>nicht</u> *-ium* (wie in *acr-ium*), sondern *-um* (wie in *divit-um*), also *iustior-um*.

❗ Auch Adjektive im **Positiv** können die Endung *-ius* haben, z. B. *dubius* = zweifelhaft; *varius* = bunt, verschiedenartig.

Entscheide bei den folgenden Adjektiven, ob sie im Positiv oder im Komparativ stehen, und übersetze!

Übung A 5

	Vergleichsstufe	Übersetzung
1. regnum iust*ius*	Komparativ	gerechtere Königsherrschaft
2. tectum alt*ius*	....	....
3. poeta egreg*ius*	....	....
4. iter angust*ius*	....	....
5. cibus necessar*ius*	....	....
6. senex p*ius*	....	....

„Komparativ" kommt von lat. ① .... = ② ....
Allerdings benutzten die Römer den Komparativ auch **ohne Vergleichsglied**, auch dann, wenn sie gar nichts vergleichen wollten. In diesem Fall übersetzt du im Deutschen häufig besser <u>nicht</u> mit dem Komparativ. Stattdessen lässt du das Adjektiv im Positiv und setzt davor ein Wörtchen, wie *ziemlich*, *etwas* oder *zu*.

Übersetze!

Übung A 6

1. Senex sapientior est quam iuvenis. =

.... Aber:

2. Senex sapientior est. = ...

3. Testudo[1] celerior est quam Achilles. =

.... Aber:

4. Testudo celerior est. = ...

1 *testudo, inis,* f: Schildkröte

Der **Superlativ** wird im Lateinischen normalerweise gebildet, indem man an den Wortstock des Adjektivs das Suffix *-issim-* anhängt *(stult-issim-us)*. Ausnahmen sind die Adjektive auf *-er (pulcher-rim-us)* und einige Adjektive auf *-ilis (facil-lim-us)*.

Im Gegensatz zum Komparativ, der sich hinsichtlich seiner Deklination nach den Adjektiven der reinen Konsonantenstämme *(dives, vetus, pauper)* richtet,

wird der Superlativ natürlich nach der ① .... -Deklination dekliniert.

Bei der Übersetzung ins Deutsche musst du übrigens nicht unbedingt ganz genau wissen, welche Adjektive nun auf *-limus, -rimus* oder *-issimus* enden. Wenn du am Ende eines Adjektivs *-lim-/-rim-* oder *-issim-* siehst, dann weißt du schon, dass du einen Superlativ vor dir hast.

-limus, -rimus, -issimus ist alles, was ich wissen muss!

Für die Übersetzung des Superlativs gilt genau wie für die Übersetzung des Komparativs: Wenn das Vergleichsglied fehlt, übersetzt du häufig besser nicht mit einer Steigerungsstufe. Stattdessen übersetzt du mit dem Positiv in Verbindung mit Wörtchen wie *äußerst*, *überaus*.

Diese Erscheinung nennt man (<u>nicht</u> beim Komparativ, wohl aber beim Superlativ) ② ....

Übung

A 7

Übersetze!

1. Tectum domus nostrae altissimum urbis est. =

.... Aber:

2. Tectum altissimum est. = ...

3. Stephan callidissimus est omnium discipulorum. =

.... Aber:

4. Stephan callidissimus est. = ...

3.2 Komparativ und Superlativ beim Adverb

Übung

A 8

Ergänze die Endungen!

1. Egreg-.................... rex regnat. = Ein hervorragender König herrscht.

2. Rex iust-.................... regnat. = Der König herrscht ziemlich gerecht.

3. Rex regnum iust-.................... tenet. = Der König hat eine ziemlich gerechte Herrschaft inne.

Merke

1. Es gibt **Adjektive**, die schon im **Positiv** die Endung -① .... haben (*egregius*).

2. Beim Adjektiv im **Komparativ** endet das Neutrum Singular im Nominativ und ② .... auf -③ .... (*iustius*).

3. Der regelmäßige **Komparativ** des **Adverbs** endet auch noch auf -④ .... (*iustius*).

Viele Schüler halten die Endung *(i-)ter* irrtümlich für ein Komparativ-Suffix, da *(i-)ter* an das deutsche Komparativ-Suffix *-er* erinnert.

In Wirklichkeit ist *(i-)ter* aber das Suffix für das ⑤ ....,

und zwar für dasjenige **Adverb**, das von Adjektiven der ⑥ .... Deklination abgeleitet wird.

Rex prudenter regnat heißt also nicht ~~Der König regiert klüger~~, sondern

⑦ ....

Nach den folgenden Übungen wirst du mit *-ius* in Zukunft keine Schwierigkeiten mehr haben und auch das *(i-)ter* nicht mehr so leicht für einen Komparativ halten.

Der **Superlativ beim Adverb** ist unproblematisch. Genau wie bei den übrigen Adjektiven auf *-us, -a, -um* tritt an den Wortstock des Adjektivs im Superlativ

die Endung -⑧ ...., also *iustissim-*⑨ .... = am ⑩ ...., in

⑪ .... Weise.

Sven und Heiko haben im Geschichtsunterricht von den Olympischen Spielen im antiken Griechenland gehört und sind begeistert. Am liebsten würden sie selber eine kleine Olympiade veranstalten. Leider steht ihnen kein Stadion zur Verfügung und natürlich auch kein Viergespann. Aber immerhin: Sie treffen sich im Stadtpark, um wenigstens im Wettlauf, im Faustkampf und im Ringkampf gegeneinander anzutreten. Wer den anderen häufiger besiegt, dem soll der Kampfpreis der Spiele in Olympia, nämlich der

⑫ .... (s. Abbildung!) zufallen.

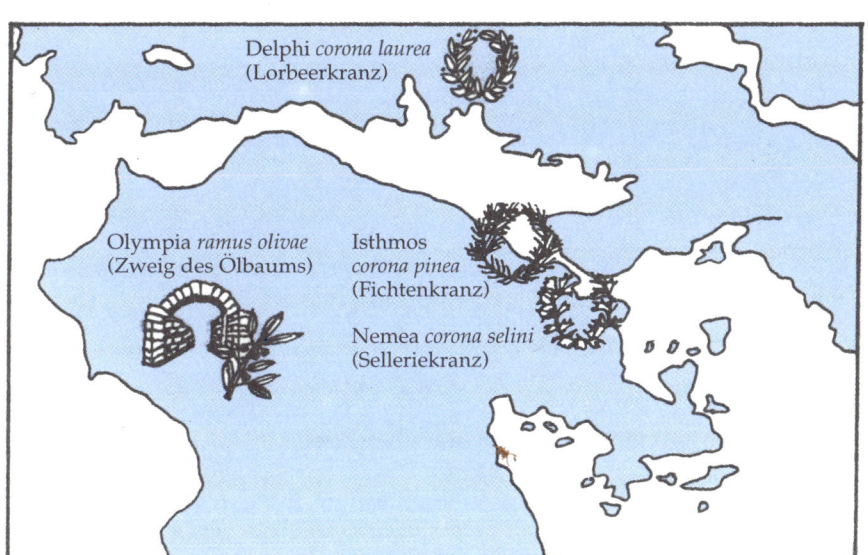

Delphi *corona laurea*
(Lorbeerkranz)

Olympia *ramus olivae*
(Zweig des Ölbaums)

Isthmos
corona pinea
(Fichtenkranz)

Nemea *corona selini*
(Selleriekranz)

Übung

A 9

a) Übersetze und achte dabei besonders auf die Endung *-ius*. Denk daran, dass Komparativ und Superlativ im Deutschen nicht immer mit Steigerungsformen wiedergegeben werden müssen!

1. Sven cursor[1] egreg_ius_ est.
   Celer_ius_ quam Heiko currit[2].
   Celerrime currit.
   Heiko femur celer_ius_ Svenis admirat.

1 *cursor, oris, m:* Wettläufer • 2 *currit:* er läuft

2. Heiko cursor lent_ior_[1] est.
   Femur Heikonis debil_ius_[2] est.
   Lent_ius_ quam Sven currit.

femur, oris, n

1 *lentus, a, um:* langsam • 2 *debilis, e:* schwach

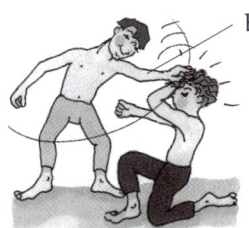

brachium, i, n

3. Heiko pugil[1] egreg_ius_ est.
   Mel_ius_ quam Sven pugnat.
   Optime pugnat.
   Sven brachium firm_ius_ Heikonis admirat.

1 *pugil, is, m:* Faustkämpfer

4. Sven pugil peior est.
   Brachium Svenis debil_ius_ est.
   Pe_ius_ quam Heiko pugnat.

5. Heiko palaestrita[1] egreg_ius_ est.
   Fort_ius_ quam Sven luctat[2].
   Fortissime luctat.
   Sven corpus flexibil_ius_[3] Heikonis admirat.

1 *palaestrita, ae, m:* Ringer • 1 *luctare:* ringen • 3 *flexibilis, e:* biegsam

6. Sven palaestrita ignavior est.
   Corpus Svenis tard_ius_[1] est.
   Ignav_ius_ quam Heiko luctat.

1 *tardus, a, um:* langsam, träge

b) Setze die passenden Namen ein und übersetze!

.... saepius quam .... victor erat. Ergo ramus

olivae .... datur.

Hast du gewusst, dass in der Antike nicht nur für sportliche Leistungen Preise vergeben wurden, sondern auch für geistige und künstlerische, z. B. für Theaterstücke?

So bekommen auch Lydia, Tanja und Natascha Preise: Sie haben beim Lese-wettbewerb ihrer Schule am besten abgeschnitten. Da der Deutschlehrer, der den Wettbewerb leitet, auch Griechisch unterrichtet und ein begeisterter Griechenlandfan ist, sind es die gleichen Preise, die einst an den verschiede-nen Festspielorten Griechenlands verliehen wurden (siehe Abbildung).

Die erste Siegerin soll den Preis der Isthmischen Spiele bekommen, die nach den Olympischen die zweitwichtigsten waren, die zweite Siegerin den Preis der Pythischen Spiele (Delphi) und die dritte Siegerin den Preis, der in Nemea verliehen wurde.

a) Übersetze!

1. Lydia prudenter legit[1].
   Tanja prudentius legit quam Lydia.
   Natascha prudentissime legit.

1 *legit:* sie liest

2. Lydia tarde legit.
   Natascha celerius legit quam Lydia.
   Tanja celerrime legit.

3. Natascha frequenter peccat[1].
   Tanja frequentius peccat quam Natascha.
   Lydia frequentissime peccat.

1 *peccare:* einen Fehler machen

Übung

A 10

b) Überlege dir nun, wer den dritten, wer den zweiten und wer den ersten Preis bekommt!

1. .... bene legit. Praemio Nemaeo donatur,

   id est ....

2. .... melius legit. Praemio Delphico donatur,

   id est ....

3. .... optime legit. Praemio Isthmio donatur,

   id est ....

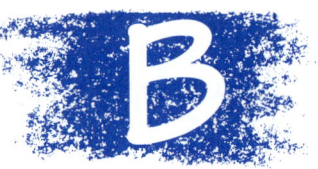

Das Pronomen

Mit dieser Wortart hast du vielleicht gar nicht so große Schwierigkeiten. Gut. Wir konzentrieren uns in diesem Kapitel auf einige wenige, dafür aber leicht verwechselbare Pronomen.

Das Relativpronomen *qui, quae, quod* wird nicht hier, sondern auf S. 33 ff. behandelt, das Demonstrativpronomen *is, ea, id* in Verbindung mit dem Verb *ire* auf S. 97 ff.

Setze die folgenden Pronomen unverändert in die Lücken und übersetze ins Heft!

idem, ista, idem, ipsum, idem, quidam

Si .... homo .... flumen iterum intrat, non iam est

....

Nosce[1] te ....!

.... quidem vis est.

Philosophi .... fabis[2] abstinent[3].

1 *nosce*: erkenne! (Imperativ) • 2 *faba, ae,* f: Bohne • 3 *abstinere, abstineo* + Ablativ: sich enthalten, nicht essen

Nur wenn du gar keinen Fehler hast, darfst du mit dem Kapitel zum Relativsatz (S. 33) weitermachen.

Grundsätzlich gilt, dass Pronomen (1) .... ersetzen:

Statt „Die **Pythagoreer**[1] essen keine Bohnen." steht z. B.
„**Einige** essen keine Bohnen."

1 *Pythagoreer:* Anhänger der Philosophenschule des Pythagoras

Allerdings werden Pronomen häufig auch in einer zweiten Verwendung gebraucht. Sie werden nicht nur anstelle eines Substantivs, also substantivisch gebraucht, sondern auch als als Begleiter von Substantiven, also adjektivisch:

Einige Philosophen essen keine Bohnen.

Das Pronomen heißt Pronomen,
weil es **für** ein Nomen steht,
wir sagen besser Substantiv
(denn Adjektive sind auch Nomen),
doch das allein würd sich nicht lohnen,
es steht auch vor dem, der es rief,
es steht auch **vor** dem Substantiv.

Drei der folgenden vier Pronomen gehören zu den **Demonstrativpronomen** (hinweisende Fürwörter), nur eines von ihnen ist ein **Indefinitpronomen** (unbestimmtes Fürwort), welches? ② (Kreuze an!)

☐ *idem, eadem, idem*
☐ *quidam, quaedam, quoddam/quiddam*
☐ *ipse, ipsa, ipsum*
☐ *iste, ista, istud*

1. *Iste* und *ipse*
oder: **Hippias, der Selfmademan**

Du weißt nicht mehr genau, wie man *iste, ista, istud* bzw. *ipse, ipsa, ipsum* deklinierst? Dann wiederhole die Deklination dieser Pronomen zunächst in deiner Schulgrammatik.

Wenn du mal ehrlich bist: Von den Kleidungsstücken, die du anhast, ist doch alles oder zumindest das allermeiste nicht selbst gemacht, sondern gekauft? Oder? Bei Hippias, einem alten Griechen, soll das ganz anders gewesen sein. Als er während der Olympischen Spiele in Olympia erschien, behauptete er jedenfalls, sich nicht nur in allen Künsten und Wissenschaften auszukennen, sondern auch alles, was er an sich trug, selbst hergestellt zu haben.

Los, wir wollen ihn selbst befragen!
Ergänze die passenden Formen von *iste* und *ipse* und übersetze!

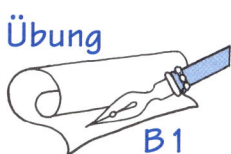

Übung

B 1

Salve Hippia[1]!

1. Num istas vestes tu _____ creavisti[2]?
   Ita est. Non textor vestes creavit, ipse creavi.

2. Num _____ socci a te _____ creati sunt?

   Ita est. Non a sutore creati sunt, sed a me _____.

3. Num _____ anulum tua ipsius sollertia[3] creavisti?
   Ita est. Non faber anulum creavit, sed mea sollertia creavi.

4. O optime Hippia, iocari[4] liceat! Num etiam te .... creavisti?
   Ita non est, amici! Alius me creavit. Aut deus aut natura me creavit.

5. Nonne Musa[5] te .... carmina, quae cantas, docuit?

   Ita non est. Ingenium[6] .... me carmina docuit.

6. Nonne Minerva[7] tibi .... sapientiam, qua ceteros homines superas, donavit?
   Ita non est. Natura .... mihi sapientiam donavit.

1 *Hippia:* Vokativ von Hippias • 2 *creare:* hervorbringen, anfertigen • 3 *sollertia, ae,* f: Geschicklichkeit • 4 *iocari:* scherzen • 5 *Musa, ae,* f: Muse, Göttin der Künste • 6 *ingenium, i,* n: natürliche Begabung, Naturanlage • 7 *Minerva, ae,* f: Göttin der Weisheit, der Künste und Wissenschaften

anulus, i, m

textor, is, m

faber, bri, m

sutor, is, m

soccus, i, m

2. *Ipse* und *idem*
oder: **Unverdientes Glück**

Dekliniere *idem, eadem, idem.* Du stockst? Dann wiederhole die Deklination in deiner Schulgrammatik!

Ipse, ipsa, ipsum und *idem, eadem, idem* klingen zwar nicht unbedingt zum Verwechseln ähnlich, wohl aber ihre deutschen Entsprechungen:

Magister ipse discipulum laudat =

① ....

Idem magister discipulum laudat =

② ....

③ .... also dient dazu, hervorzuheben, dass der Schüler vom Lehrer höchstpersönlich und <u>von keinem anderen</u> gelobt wird.

④ .... hingegen dient dazu, auf <u>einen bereits genannten</u> Lehrer zurückzugreifen.

Pamphile und Charisios sind die Hauptpersonen einer verwirrenden Geschichte, die der griechische Dichter Menander (ca. 342–293 v. Chr.) in seiner Komödie „Epitrepontes" („Die Prozessierenden") erzählt.

An den Tauropolien, einem Fest zu Ehren Dianas, vergreift sich Charisios an Pamphile. Es ist so dunkel, dass sie den Mann nicht erkennen kann, es gelingt ihr jedoch, ihm einen Ring vom Finger zu streifen. Wenig später heiraten Charisios und Pamphile ohne zu wissen, dass sie schon einmal miteinander geschlafen haben.

Kurz nach der Hochzeitsnacht stellt Pamphile mit Schrecken fest, dass sie bereits seit einiger Zeit schwanger sein muss. Nur gut, dass ihr Mann für einige Monate auf Geschäftsreise ist. So weh es ihr ums Herz wird, sie sieht keine andere Möglichkeit, als das Kind gleich nach der Geburt auszusetzen. Den Ring legt sie dazu. Wer weiß …

Charisios erfährt nach der Rückkehr von der Geschäftsreise von der Geburt des Kindes. Voller Entrüstung trennt er sich von Pamphile und legt sich sogar eine Amüsierdame zu, Habrotonon, nur um Pamphile zu demütigen.

Als der Sklave des Charisios Baby und Ring schließlich entdeckt, wird nach und nach deutlich, dass nur Charisios selbst sich in jener Nacht Pamphile genähert haben kann. Habrotonon ist an der Aufklärung des Falls maßgeblich beteiligt. An das Gesicht Pamphiles, die sie nur einmal kurz auf dem Tauropolienfest gesehen hat, kann sich Habrotonon so genau allerdings nicht mehr erinnern. Da trifft sie mit dem Kind im Arm auf eine Frau, die ihr irgendwie bekannt vorkommt …

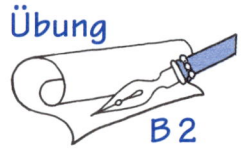

Übung

Übersetze und achte dabei besonders auf die richtige Wiedergabe von *ipse* und *idem*! Wenn dir der Text zu lang ist, kannst du einen Teil der Übersetzung auch auf Kassette sprechen.

Habrotonon: O miserrime puer! Quando matrem videbis? – *Plötzlich entdeckt sie Pamphile:* Femina cara! In <u>eodem</u> loco mane!

Pamphile: Vocas-ne me <u>ipsam</u>?

Habrotonon: Ita est. Specta me! Nonne tibi nota sum? –
Zu den Zuschauern: Non erro. <u>Ipsa</u> est, quam vidi[1] in Tauro-poliis[2].

Pamphile: Quis autem es tu?

Habrotonon: <u>Eadem</u> sum, quae olim in Tauropoliis te admiravit. Da mihi dex-tram! Dic[3] mihi, dulcis! Quando in Tauropoliis fuisti?

Pamphile: Anno superiore. Cur rogas?

Habrotonon: <u>Eodem</u> anno <u>ipsa</u> quoque in Tauropoliis fui.

Pamphile: Mulier, dic! Unde tibi puer est?

Habrotonon: Est-ne notus tibi puer? Dic libere! Noli me timere!

Pamphile: Oculi <u>idem</u> sunt atque oculi tristes pueri mei. O me miseram[4], cur puerum meum exposui[5]! – Nonne dei <u>ipsi</u> tibi puerum do-naverunt? Nonne tu es mater?

Habrotonon: Simulavi[6] matrem. Non ut mater doleat, sed ut delectetur. Fortasse non solum <u>eandem</u> ante oculos habeo, quam olim ad-miravi, sed etiam eam, a qua <u>ipsa</u> puer creatus est. Nonne es tu mulier, quae in isto domo habitat?

Pamphile: Ita est. Quis autem pater pueri est?

Habrotonon: Charisios.

Pamphile: O amatissima! <u>Ipse</u> maritus meus est.

Habrotonon: O domina felix, a dis <u>ipsis</u> amaris!

1 *vidi:* ich habe gesehen • 2 *in Tauropoliis:* auf dem Tauropolienfest • 3 *Dic:* sprich! • 4 *O me miseram:* Oh ich Elende (Akk. des Ausrufs) • 5 *exposui:* ich habe ausgesetzt • 6 *simulare:* nachahmen, spielen

Endlich darf Pamphile voll Dankbarkeit gegen die Götter ihr Kind – und bald auch ihren Mann – wieder in die Arme schließen.

3. *Idem, item*
oder: **Die römischen Aquädukte**

Erstmals im Jahr 312 v. Chr. wurde ein Aquädukt, also eine Wasserleitung, nach Rom gelegt. Nach ihrem Erbauer Appius Claudius Caecus erhielt sie den Namen Aqua Appia. Im Laufe der Zeit entstanden insgesamt elf Fern-wasserleitungen, die teils unterirdisch und teils auf Arkaden-Brücken verlie-fen. Rom besaß schließlich eines der für die damalige Zeit modernsten und effizientesten Wasserversorgungssysteme der Welt.

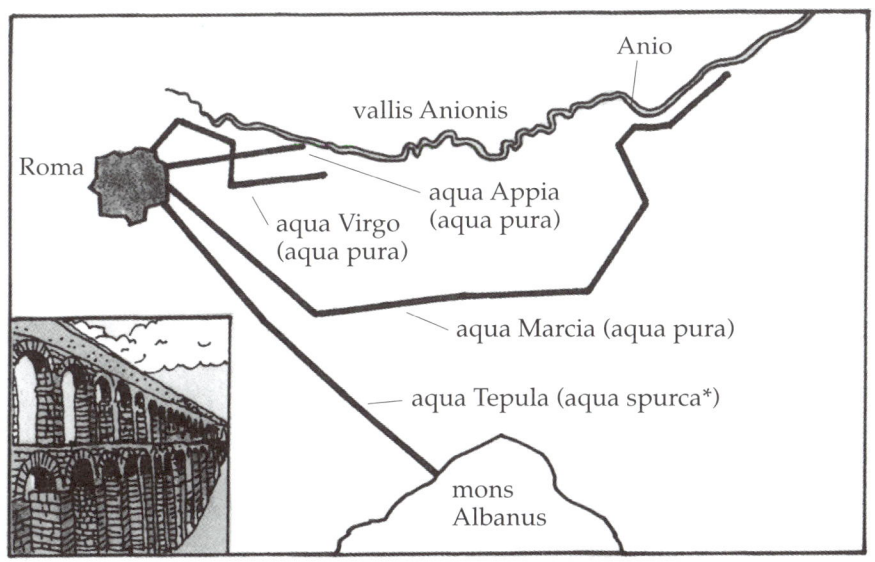

Roma

Anio

vallis Anionis

aqua Appia
(aqua pura)

aqua Virgo
(aqua pura)

aqua Marcia (aqua pura)

aqua Tepula (aqua spurca*)

mons
Albanus

* spurcus, a, um:
schmutzig

Allerdings war die Wasserqualität nicht in allen Aquädukten gleich gut. Auch hinsichtlich der Herkunft des Wassers lassen sich die Wasserleitungen unterscheiden. Übersetze und unterscheide dabei genau zwischen *idem* und *item*!

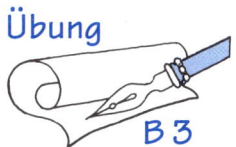
Übung

B 3

1. Aqua Appia lucet[1].
   Aquae Appiae ortus[2] in valle[3] Anionis est.

2. Aqua Marcia <u>item</u> lucet ut aqua Appia.
   Itaque aqua Marcia <u>item</u> a Romanis amatur ut aqua Appia.
   Aquae Marciae <u>idem</u> ortus est atque aquae Appiae.
   Utraque aqua in valle Anionis ortum habet.

3. Aqua Tepula non <u>item</u> lucet ut aqua Appia.
   Itaque aqua Tepula minus a Romanis amatur quam aqua Appia.
   Aquae Tepulae alius ortus est quam aquae Appiae.
   Aqua Appia in valle Anionis ortum habet, aqua Tepula ad montem Albanum[4].

1 *lucere, luceo:* leuchten, klar sein • 2 *ortus, ūs,* m: Ursprung • 3 *valles, is,* f: Tal • 4 *mons Albanus:* Albanerberg

Ergänze entsprechend dem Satzmuster der obigen Sätze mithilfe der Illustration!

Übung

B 4

1. Aqua Virgo _____ ut aqua Appia.

2. Itaque aqua Virgo _____ aqua Appia.

3. Aquae Virgini _____ aquae Appiae.

4. _____

4. *Quidam* und *quidem*
oder: **Heiteres Rätselraten**

**Übung
B 5**

Ordne mittels Pfeilen zu!

Quidam ist	Negation + Partikel und bedeutet	gewiss, wenigstens, zwar, freilich
quidem ist	Indefinitpronomen und bedeutet	nicht einmal
ne … quidem ist	Partikel und bedeutet	ein gewisser

Bevor du dich an die Bearbeitung der folgenden Übung machst, nimmst du am besten deine Schulgrammatik zur Hand. Gewiss musst du die Deklination von *quidam, quaedam, quiddam/quoddam* noch einmal wiederholen.

**Übung
B 6**

Übersetze und löse die Rätsel.

1. Poetae <u>quidam</u> regem animalium eum vocant. Plurimum <u>quidem</u> tempus non regnat, sed somno domatur.

   Quid est? Antwort: *der* _____.

2. Animal <u>quoddam</u> volans. <u>Quodam</u> modo sub imperio reginae est. Cibum <u>quendam</u> dulcem creat. <u>Ne</u> deis <u>quidem</u> cibus dulcior notus est. Cave, ne animal utile iratum te mordeat[1]!

   Quid est? Antwort: *die* _____.

3. Bestia <u>quaedam</u> sanguinem potans. Die <u>quidem</u> tranquilla est et vix videtur. Nocte autem horribili <u>quadam</u> voce homini appropinquat, ut eum mordeat.

   Quid est? Antwort: *die* _____.

4. Pecus <u>quoddam</u> homini lanam[2] dans. Cui animali pax iucundior est? <u>Ne</u> repugnat[3] <u>quidem</u>, cum necatur. Homo modestus, qui Deo paret, cum hoc animali comparatur.

   Quid est? Antwort: *das* _____.

1 *mordere, mordeo:* beißen • 2 *lana, ae,* f: Wolle • 3 *repugnare:* Widerstand leisten

5. Der Relativsatz
oder: **Das heilige Feuer**

Übersetze ins Heft und bestimme die Satzarten, indem du mit Pfeilen verbindest.

Homo, <u>qui numquam errat</u>, non est homo.	Kausalsatz
<u>Quod licet Iovi</u>, non licet bovi.	Hauptsatz
<u>Quod scripsi</u>[1] scripsi.	Relativsatz als Subjekt
Tristis sum, <u>quod caelum triste est</u>.	Relativsatz als Objekt
Oculi sensus[2] acerrimus in nobis sunt;	Relativsatz als Attribut
<u>quibus deum non videmus</u>.	

1 *scripsi:* ich habe geschrieben • 2 *sensus, ūs,* m: Sinnesorgan

Wenn du in den ersten drei Sätzen einen (oder mehr) Fehler gemacht hast, arbeitest du das ganze Kapitel gründlich durch.
Wenn du die ersten drei Sätze noch richtig übersetzt und zugeordnet hast und dir erst danach ein Fehler unterlaufen ist, darfst du gleich mit dem Unterkapitel „*Quod* und *quod*" (S. 38) weitermachen.
Wenn du die ersten vier Sätze richtig übersetzt und zugeordnet hast und dir erst danach ein Fehler unterlaufen ist, darfst du gleich mit dem Unterkapitel „Relativer Satzanschluss" (S. 38 f.) weitermachen.

Anleitung für das Entfachen von Feuer

Bohre in einen Holzklotz eine Vertiefung und fülle trockenes Sägemehl hinein! Anschließend drückst du das Ende eines Lorbeerstabs in die Vertiefung. Versetze den Stab mithilfe einer Schnur, die du zuvor an einem Holzbogen befestigt hast, in rasche Drehung. Sind dir die Götter gewogen, wird sich das Sägemehl entzünden.

Bohre in einen Holzklotz eine Vertiefung und fülle Sägemehl hinein! Anschließend drückst du das Ende in die Vertiefung. Versetze den Stab mithilfe einer Schnur in rasche Drehung. Sind dir die Götter gewogen, wird sich das Sägemehl entzünden.

Das ist dir sicher gleich aufgefallen: Im zweiten Text fehlen alle blau gedruckten Wörter. Er ist deshalb stellenweise fast unverständlich, aber doch grammatikalisch nicht falsch. Wir können daraus schließen, dass die blau gedruckten Wörter zwar grammatikalisch nicht notwendig sind, aber doch für das inhaltliche Verständnis mehr oder weniger wichtig.

Alle blau gedruckten Wörter bzw. Wortverbindungen erfüllen dieselbe Funktion. Sie bestimmen ① 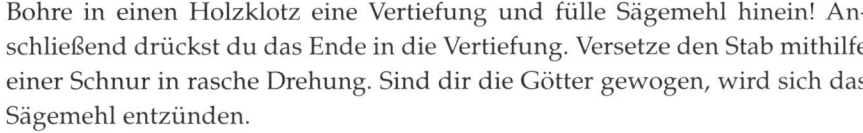 näher:

1. *trockenes*	bestimmt das Substantiv *Sägemehl*	näher.
2. *eines Lorbeerstabs*	bestimmt das Substantiv ②....................	näher.
3. *die du zuvor an einem Holz-*		
bogen befestigt hast	bestimmt das Substantiv ③....................	näher.

Merke

> Wörter bzw. Wortverbindungen, die Substantive näher bestimmen, be-
> zeichnet man als ④.................................... .

Also nicht nur Adjektive, wie *trocken*, können als Attribute verwendet werden. *eines Lorbeerstabs* ist kein Adjektiv, sondern ein mit einem Artikel erweitertes Substantiv im Genitiv. In der Funktion des Attributs bezeichnet man

ein solches Substantiv im Genitiv als ⑤....................attribut.

Und nun zum neuen Stoff:
die du zuvor an einem Holzbogen befestigt hast ist weder ein Adjektiv noch ein
erweitertes Substantiv im Genitiv und doch auch Attribut. Das erste Wort,
also *die*, verrät dir, um welche Nebensatzart es sich hier handelt. *die* ist hier

kein Artikel, sondern ⑥................................... . Ein **Nebensatz**, der

mit einem **Relativpronomen** beginnt, heißt ⑦................................... .

Merke

> Adjektive, (erweiterte) Substantive im Genitiv und Relativsätze, die Sub-
> stantive näher bestimmen, heißen ⑧.................................... .

Da das Entfachen von Feuer – wie wir gelesen haben – großen Aufwand und
viel Geduld erforderte, verzichteten die römischen Frauen darauf, selbst Feuer
zu machen. Stattdessen besorgten sie sich das Feuer
lieber anderswo …
Ist heute vielleicht zufällig der 1. März? Nein?
Pech gehabt. Immer am 1. März nämlich holen
sich die römischen Frauen das neue Herdfeuer
aus dem Vesta-Tempel. Nicht nur Vesta, die
Göttin des Herdfeuers, auch die Vestalinnen
(virgines Vestales), ihre Priesterinnen, standen
bei den Römern begreiflicherweise in hohem
Ansehen.
Wenn du mal nach Rom kommst, kannst du dir
auf dem Forum noch die Überreste des Vesta-
Tempels anschauen.

Bevor wir uns nun mit dem lateinischen Relativsatz beschäftigen, musst du die Formen des Relativpronomens sicher noch einmal gründlich wiederholen. Schlage sie in deiner Schulgrammatik nach!

5.1 Der Relativsatz mit Bezugswort (Relativsatz als Attribut)

Unterstreiche die beiden Relativsätze und übersetze:

Amata, die erste Vestalin

1. Puellae, quae templum Vestae servabant, virgines Vestales appellabantur.
2. Amata, cui maxima virtus erat, prima virgo Vestalis fuit.

Übung
B 7

Wenn du die beiden Sätze richtig übersetzt hast, kannst du dir gratulieren. Du hast schon ein Gefühl für den Relativsatz! Du hast erfasst, dass du die Relativpronomen auf ein Wort im Hauptsatz beziehen musst. Trotzdem wollen wir uns mal genauer überlegen, wie das **Relativpronomen** und das so genannte **Bezugswort** (*Puellae, Amata*) miteinander zusammenhängen.

Du hast schon längst gelernt, dass Adjektive mit ihren Bezugswörtern **kongruieren**, also in Kasus, Numerus und Genus mit ihnen übereinstimmen (z. B.: *puella callida, gladius acer*). Wie aber steht es mit den Relativpronomen? Prüfe anhand der beiden obigen Sätze, ob auch sie in Kasus, Numerus und Genus mit ihrem Bezugswort übereinstimmen! Du wirst eine interessante Entdeckung machen.

Übung
B 8

	Kasus	Numerus	Genus
Puellae	Nominativ		
quae			
Amata			
cui			

Ergebnis: Das Relativpronomen muss mit seinem Bezugswort in

.... und .... übereinstimmen,

<u>nicht aber</u> im ....

Merke

Wonach aber richtet sich der Kasus des Relativpronomens? Der Kasus des Relativpronomens richtet sich nach dem Prädikat des Relativsatzes. Nur wenn das Relativpronomen im vom Prädikat geforderten Kasus steht, ergibt sich ein sinnvoller Satz.

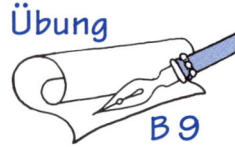

Übung

In der folgenden Übung bildest du die Form des Relativpronomens einmal selber. Anschließend übersetzt du.

a) Wer liebt Amata?

1. Amata, ... vir non amat, non dolet.

2. A Vesta dea, ... flammam sacram custodit[1], amatur.

3. Romani, ... eam vident, summo cum honore salutant.

1 *custodire, custodio:* bewachen, behüten

b) Wo wohnen die Vestalinnen?

1. Virgines Vestales in templo rotundo[1], in .... statua Vestae stat, non habitant.

2. Atrium Vestae, in .... Amata habitat, iuxta templum est.

1 *rotundus, a, um:* rund

Achtung beim letzten Satz! Überlege, ob du das Relativpronomen auf *Atrium* oder *Vestae* beziehen musst. Nur in einem Fall ergibt sich ein sinnvoller Satz.

5.2 Der Relativsatz ohne Bezugswort (Relativsatz als Subjekt und Objekt)

Nicht jedes Mädchen konnte Vestalin werden. Versuche mal folgenden Satz zu übersetzen:

Cuius corpus sanum non erat, virgo Vestalis esse non licuit.

① ....

....

Es ist dir nicht gelungen? Ich kann mir auch denken warum. Du hast zu dem Relativpronomen *cuius* kein Bezugswort gefunden. Du hast das *cuius* gesehen und dir gedacht: Ich seh ein *cuius* auf weiter Flur, was mach ich nur, was mach ich nur …

Das Relativpronomen hat hier offenbar sein Bezugswort verloren, der Relativsatz irrt verzweifelt umher. Wie kannst du ihm helfen? Nun, du schenkst ihm für das verloren gegangene Bezugswort **Ersatz**, und zwar in der Form des Demonstrativpronomens *is, ea, id*. Dieses Pronomen stellst du dem Relativsatz einfach **voran** und schon erhältst du folgende Konstruktion:

Ei, cuius corpus sanum non erat, virgo Vestalis esse non licuit. –
Derjenigen, deren Körper nicht gesund war, war es nicht erlaubt, Vestalin zu sein. Oder:

Wessen Körper nicht gesund war, dem war es nicht erlaubt, Vestalin zu sein.

Nun wird – wie du siehst – auch nicht mehr mit den üblichen Relativpronomen übersetzt: „Dieser, deren" sagt man nämlich im Deutschen nicht. Übersetze stattdessen mit „derjenige", „diejenige", „dasjenige" etc. oder noch besser mit „wer", „wessen", „wem", „wen". Besonders aufpassen musst du beim Neutrum. Da taucht nämlich die Form „was" auf (auch im Plural!):

(Id,) Quod rarum est, carum est. – (Das,) Was selten ist, ist teuer.
(Ea,) Quae rara sunt, cara sunt. – (Das,) Was selten ist, ist teuer.

Wenn du denkst:
„Ich seh ein Relativpronomen auf weiter Flur,
was mach ich nur, was mach ich nur …",
dann denk auch sogleich
„Füg 'ne Form von *is* dazu,
und der Satz ist sinnvoll im Nu!"

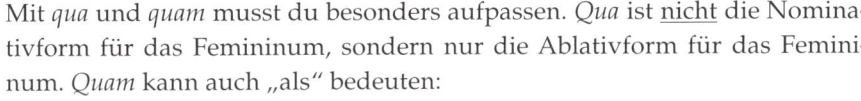

Die Römer waren übrigens bei der Auswahl der Vestalinnen ganz schön pingelig. Konstruiere die fehlenden *is*-Formen und übersetze!

1. ...., quae matrem non habebat, virgo Vestalis esse non licuit.

2. ...., cuius pater mortuus erat, virgo Vestalis esse non licuit.

3. ...., cuius pater servus erat, Vesta repudiabat[1].

4. ...., quam Romani non salutabant, Vesta repudiabat.

5. ...., a qua castitas[2] non servabatur, de Tarpeio[3] saxo praecipitabatur.

1 *repudiare:* verschmähen • 2 *castitas, atis,* f: Keuschheit • 3 *Tarpeium saxum:* Tarpeischer Felsen (Abhang beim Kapitol, den Verbrecher hinabgestürzt wurden)

Mit *qua* und *quam* musst du besonders aufpassen. *Qua* ist <u>nicht</u> die Nominativform für das Femininum, sondern nur die Ablativform für das Femininum. *Quam* kann auch „als" bedeuten:

Quae maior <u>quam</u> decem annos nata erat, virgo Vestalis esse non licuit.
Wer älter <u>als</u> zehn Jahre war, durfte nicht Vestalin werden.

Du hast gelernt, dass Relativsätze meist als Attribute verwendet werden. Relativsätze ohne Bezugswort können allerdings keine Attribute sein. Welche Funktion hat also z. B. der Relativsatz im folgenden Satzgefüge:

<u>Wer</u> keinen gesunden Körper hatte, konnte nicht Vestalin werden.

Der Relativsatz hat <u>nicht</u> mehr die Funktion eines ① ....

.... Wenn du fragst: „Wer oder was konnte nicht Vestalin werden?" erhältst du die sinnvolle Antwort: „Wer keinen gesunden Körper hatte." Der

Relativsatz hat hier die Funktion des ② ....

> **Relativsätze ohne Bezugswort haben nicht die Funktion des Attributs, sondern die des Subjekts oder Objekts.**

quod und *quod*

quod kann Relativpronomen sein, aber auch Konjunktion. Als Konjunktion

hat es die Bedeutung ③ ....

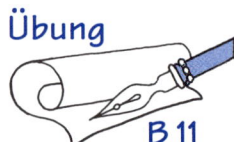

Übung

B 11

Übersetze! (Achte dabei besonders auf die richtige Wiedergabe von *quod*!)

Canthara, ein einfaches Mädchen

1. Cantharam Romani non salutant, <u>quod</u> virgo simplex est.
2. Virgo Vestalis fieri[1] non potest, <u>quod</u> pater eius servus est.
3. Non idem sperat, <u>quod</u> virgines honestae sperant.
4. Contenta est, <u>quod</u> plerumque[2] ei licet in tranquillo[3] laborare et raro a domina verberatur.

1 *fieri:* werden • 2 *plerumque:* meistens • 3 *in tranquillo:* in Ruhe

5.3 Relativer Satzanschluss

Ein Relativpronomen am Satzanfang kann nicht nur einen Relativsatz ohne Bezugswort einleiten, sondern auch dazu dienen, einen relativen Satzanschluss **(relative Satzverknüpfung)** herzustellen. In diesem Fall vertritt das

Relativpronomen das ① ....pronomen. *Qui, quae, quod*

steht an Stelle des lateinischen Pronomens ② ....

Beachte, dass in der deutschen Übersetzung das Demonstrativpronomen häufig von einem Wörtchen wie *aber*, *also* oder *nämlich* begleitet wird.

Übung

B 12

Ergänze und übersetze!

1. Amata castitatem servabat. Quam (= ....) Aurelia non servabat.

2. Aurelia de Tarpeio saxo praecipitata[1] est. De quo (= ....) Amata praecipitata non est.

1 *praecipitare:* (kopfüber) hinabstürzen

Ein *quod* am Satzanfang kann sogar drei Funktionen haben:

- *quod* kann einen Relativsatz ohne Bezugswort einleiten.
- *quod* kann dazu dienen, einen relativen Satzanschluss herzustellen.

- *quod* kann Konjunktion mit der Bedeutung ① .... sein.

Die Vestalin Aurelia hat sich mit einem Mann eingelassen und ist daher vom Tarpeischen Felsen gestürzt worden. Aber – oh Wunder! – sie hat den Sturz überlebt.
Der Vorfall entzweit die Rechtsgelehrten: Sie haben nichts Besseres zu tun als darüber zu spekulieren, ob die wunderbare Rettung Aurelias auf die Vorsehung der Götter zurückzuführen ist oder auf bloßen Zufall.

Übersetze! Wenn dir der Text zu lang ist, kannst du einen Teil der Übersetzung auch auf Kassette sprechen.

Übung

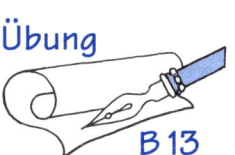

B 13

Pius: Aurelia non periit[1]. Miraculum est.

Iustus: Quod non potest fieri[2], non fit[3]. Miraculum non est.

Pius: Quod dei Aureliam amant, non periit. Quam dei amant, quod innocens est.

Severus: Quae si innocens esset, statim auxilium dei dedissent[4]. Innocens non est.

Pius: Providentia[5] deorum Aurelia servata est.

Iustus: Non providentia deorum sed casu[6] servata est. Tarpeium saxum nimis[7] humile est. Quod aliquanto[8] altius esse debuerat[9].

Pius: Satis altum est. Quem dei necare volunt[10], Tarpeio saxo peribit.

Iustus: Immortales autem res humanas omnino non curant.

Severus: Quas si curarent, Aureliam non curarent, quod nefaria est. Quae si providentia deorum servata est, servata est, ut crudelius periret.

Pius: Praeterea servata est, quod deos desiliens[11] invocavit[12]. Quae deos invocat, virgo pia est.

Iustus: Immo[13] nefaria est, quod invocare deos audebat.

Pius: Corpus Aureliae deletum non est. Quod deleri non potest, sacrum est.

Iustus: Quod perire non potest, corpus Aureliae sacrum esse putas? Erras! Quod deletum non est, quod veneficiis[14] plenum erat.

Severus: Seu veneficiis incolumis est, seu deorum vi incolumis est. In templum rediit[15]. Quod deis sanctissimum est, contactu[16] polluit[17]. Qua de causa iterum de saxo praecipitetur.

1 *periit:* sie ist umgekommen • 2 *fieri:* werden, geschehen • 3 *fit:* es geschieht • 4 *dedissent:* sie hätten gegeben/gewährt • 5 *providentia, ae,* f: Vorsehung • 6 *casus, ūs,* m: Zufall • 7 *nimis:* allzu • 8 *aliquanto:* um einiges • 9 *debuerat:* er hätte müssen • 10 *volunt:* sie wollen • 11 *desiliens:* herabspringend • 12 *invocare:* anrufen • 13 *immo:* nein im Gegenteil • 14 *veneficium, i,* n: Zaubertrank • 15 *rediit:* sie ist zurückgekehrt • 16 *contactus, ūs,* m: Berührung • 17 *polluit:* sie hat besudelt

Der Konjunktiv

1. Konjunktiv Präsens der *a-/e*-Konjugation
oder: **Ferien auf dem Bauernhof I**

Übersetze ins Heft und ordne mit Pfeilen den grammatischen Begriffen zu!

Medicus vicinum aegrum <u>curet</u>!	Hortativ
Utinam dei vicinum <u>sanent</u>!	Jussiv
Deis <u>immolemus</u>!	Potentialis
Quis deos <u>irrideat</u>, quorum iussu aut sani aut aegri sumus?	Optativ

Wenn du gar keinen oder nur einen Fehler hast, darfst du das folgende Kapitel überspringen.

Was versteht man eigentlich unter Konjunktivitis? ① Kreuze an!

☐ Eine Krankheit, die sich in der Unfähigkeit äußert,
den Konjunktiv richtig zu bilden bzw. zu erkennen.

☐ Eine Krankheit, die zu einer vermehrten Verwendung des Konjunktivs führt. Der von ihr Befallene verwendet den Konjunktiv auch dann, wenn eigentlich der Indikativ am Platz wäre.

☐ Bindehautentzündung des Auges.

Spaß oder Augenkrankheit beiseite! Die Übersetzung des Konjunktivs erfordert einen klaren Blick. Eine Verbform im Indikativ wirst du meist schon dann richtig übersetzen, wenn du das **Tempus**, die **Person** und das **Genus Verbi** (Aktiv, Passiv) dieser Form richtig bestimmt hast. Bei der Übersetzung einer Verbform im Konjunktiv musst du viel mehr beachten:

Erst einmal musst du feststellen, ob der Konjunktiv in einem Hauptsatz oder in einem Nebensatz steht. Und dann kann der Konjunktiv sowohl im Hauptsatz als auch im Nebensatz unterschiedliche Funktionen haben, die auch unterschiedlich übersetzt werden müssen.
Zahlreiche Fehlerquellen tun sich also auf! Glücklich, wer gelernt hat, sie zu vermeiden!

Allein der Konjunktiv Präsens im Hauptsatz kann schon in vier verschiedenen Funktionen verwendet werden: als **Jussiv**, **Hortativ**, **Potentialis** und **Optativ**.

Zunächst aber zur Grundübersetzung: Mit welchem **modalen Hilfsverb** gibst du den Konjunktiv Präsens im Deutschen behelfsmäßig wieder, bevor du dir genaue Gedanken über seine Funktion machst? Mit dem modalen

Hilfsverb ② ....

a) Ergänze die fehlenden Ausgänge und übersetze die Konjunktivformen mit der Grund- oder Hilfsübersetzung.

Übung
C 1

Konj. Präs. Akt.		Ind. Präs. Akt.	
laud*em*	= *ich möge loben*	mon*eo*	=
laud......	=	mon......	=
laud......	=	mon......	=
laud......	=	mon......	=
laud......	=	mon......	=
laud......	=	mon......	=

b) Unterstreiche nun alle gleich lautenden Ausgänge.

Die Formen des Konjunktiv Präsens der *a*-Konjugation stimmen – wie du siehst – größtenteils mit den Indikativformen der *e*-Konjugation überein. Es ist also wichtig, dass du immer genau weißt, ob ein Verb der *a*- oder der *e*-Konjugation angehört.

Die Grundübersetzung mit „mögen" beherrschst du inzwischen? Gut. Dann können wir zur „noblen" Übersetzung des Konjunkivs übergehen.

„Man lobe eines jeden Verdienst!"

Kennst du Menschen, die sich so vornehm ausdrücken? Also auch im Deutschen gibt es – genau wie im Lateinischen – einen richtigen Konjunktiv Präsens, der direkt vom Verb gebildet wird. Die Übersetzung mit „mögen" ist gewissermaßen nur eine Umschreibung des Konjunktivs.

Nenne hier einmal die „noblen" Formen des Konjunktiv Präsens von „loben".

Übung
C 2

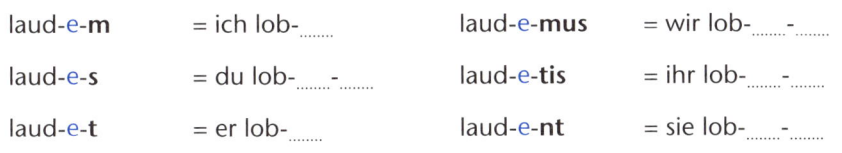

laud-*e*-**m**	= ich lob-......	laud-*e*-**mus**	= wir lob-......-......
laud-*e*-**s**	= du lob-......-......	laud-*e*-**tis**	= ihr lob-......-......
laud-*e*-**t**	= er lob-......	laud-*e*-**nt**	= sie lob-......-......

Wenn du nun den lateinischen **Kennvokal** für den Konjunktiv mit dem deutschen Kennvokal vergleichst, machst du eine erstaunliche Entdeckung:

Der Kennvokal für beide Sprachen ist das ① ....:
Kein Wunder, das Lateinische und das Deutsche sind ja auch urverwandt. Aber aufgepasst! Der Kennvokal für den Konjunktiv ist nur in der lateinischen *a*-Konjugation das *e*. (Bei der *e*-Konjugation z. B. ist der Kennvokal *a*: *mone-a-t* = er möge mahnen.)

Warum aber können die „noblen" Formen des deutschen Konjunktivs nicht in jedem Fall verwendet werden?

Die Antwort findest du selber, wenn du in der obigen Tabelle alle Ausgänge des deutschen Konjunktiv Präsens unterstreichst, die sich nicht vom deutschen Indikativ Präsens unterscheiden.

Das traurige Ergebnis: In drei Fällen, nämlich in der 1. Person Singular sowie in der ② .... und ③ .... Person Plural unterscheiden sich die Formen des Konjunktiv Präsens nicht von denen des Indikativ Präsens. Wer sich eindeutig ausdrücken will, kann also in diesen Fällen den „noblen" Konjunktiv nicht verwenden und muss auf die Übersetzung mit „mögen" ausweichen.

1.1 Konjunktiv Präsens der *a*-Konjugation: Jussiv

Hast du schon mal die Sommerferien auf einem Bauernhof verbracht? Stachys, ein junger Großstädter aus dem antiken Athen, hat sich in diesem Jahr zum ersten Mal dazu durchringen können. Während der Sommermonate arbeitet er zusammen mit seinem römischen Freund Fabius auf dem Hof von dessen Großeltern, einem Landgut bei Arpinum nicht weit von Rom. Stachys spricht noch nicht sehr gut Latein, aber er will die Gelegenheit nutzen, seine Kenntnisse in der aufstrebenden Weltsprache zu verbessern.
Ein heißer Julitag liegt wie Blei über dem Land. Kein Wölkchen ist am Himmel zu sehen, und doch ist Fabius' Großvater fest davon überzeugt, dass in wenigen Stunden ein Unwetter niedergehen wird. Er ist ganz aus dem Häuschen, denn es ist noch eine Menge zu tun. Fabius soll die Arbeit delegieren. Zunächst ruft ihm der Großvater zu:

Servi statim in aream[1] properent. Frumentum perticis[2] flagellent[3].

1 *area, ae*, f: Tenne • 2 *pertica, ae*, f: Stock • 3 *flagellare*: dreschen

Übersetze die Aufforderung des Großvaters mit der Hilfsübersetzung „mögen":

④ ....

....

Die beiden Aufforderungen lassen sich ⑤ (Kreuze an!)

☐ auch mit dem „noblen" Konjunktiv unmissverständlich übersetzen.

☐ mit dem „noblen" Konjunktiv nur uneindeutig übersetzen.

Willst du aber besonders deutlich machen, dass der Großvater nicht mit sich spaßen lässt, sondern strenge Befehle erteilt, dann übersetzt du am besten

auch nicht mit „mögen", sondern mit ⑥ .... Befehle also können sich nicht nur an die 2. Person (Singular oder Plural) richten, sondern auch an

die ⑦ .... Person (Singular und Plural)!

Ein Konjunktiv, der zum Ausdruck von Befehlen dient, die sich an die

3. Person Singular oder Plural richten, heißt ⑧ .... (Der

Ausdruck ⑨ .... kommt von lat. ⑩ ....

= ⑪ ....) Im Deutschen wird der ⑫ .... mit

dem Modalverb ⑬ .... zum Ausdruck gebracht.

Stachys hört aus dem Redeschwall, zu dem der Großvater ansetzt, als er das Gewitter heraufziehen sieht, mehrmals den Verbalausgang -et heraus. -et dient einerseits zum Ausdruck des Indikativs: Der *avus* benennt die Vorzeichen, die auf ein Unwetter schließen lassen. Andrerseits dient das -et zum Ausdruck des Konjunktivs, und zwar in der Funktion des Jussivs. Stachys vernimmt mehrmals seinen Namen, Befehle ergehen an ihn, es eilt, und er kann doch noch so schlecht Latein!

stillicidium, i, n

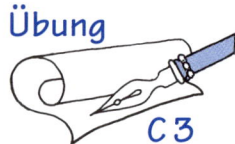
Du musst Stachys aus der Patsche helfen! Unterstreiche alle Verben, die im Konjunktiv stehen. Dann ergänze die Schlusspunkte und übersetze!

Avus clamat:

Tempestas imminet caelum nubibus[1] non caret focus[2] non ardet canis non tacet Stachys canem captet equus non valet Stachys equum curet mus[3] in stramento[4] latet Stachys stramentum exploret murem fuget apis[5] in alvario[6] manet Stachys hostiam[7] immolet Stachys serius[8] cenet Stachys stillicidium purget[9].

1 *nubes, is*, f: Wolke • 2 *focus, i*, m: Herd • 3 *mus, ris*, m: Maus • 4 *stramentum, i*, n: Stroh • 5 *apis, is*, f: Biene • 6 *alvarium, i*, n: Bienenkorb • 7 *hostia, ae*, f: Opfer • 8 *serius, a, um*: später • 9 *purgare*: reinigen

1.2 Konjunktiv Präsens der *a*-Konjugation: Hortativ

Fabius hat mit seinem Freund Stachys Mitleid, denn er ist der Meinung, dass der Großvater diesem zu viele Arbeiten aufgebürdet hat. Er hat noch einige Sklaven herbeigerufen und bietet Stachys an, den Anordnungen des Großvaters gemeinsam nachzukommen.

Fabius erteilt – anders als der Großvater – keine Befehle, die sich an eine dritte Person richten. Wenn er Stachys, einige Sklaven und sich selber zu bestimmten Arbeiten bewegen will, dann richtet er sich ① (Kreuze an!)

☐ nur an die 1. Person Singular.

☐ an die 1. Person Plural.

☐ nur an die 2. Person Plural.

Merke

Ein Konjunktiv, der zum Ausdruck einer Aufforderung an die 1. Person Plural dient, heißt ② .... (Der Ausdruck ③ .... kommt von lat. *hortari* = ermuntern, ermahnen.) Im Deutschen wird der ④ .... meist mit „Lasst uns ..." wiedergegeben.

Übung

C 4

Ergänze und übersetze:

1. Canem captemus! = *Lasst uns den Hund fangen! / Fangen wir den Hund!*

2. Equum curemus! = ...

3. Stramentum exploremus! = ...

4. Murem fugemus! = ...

5. Iovi immolemus! = ...

6. Serius cenemus! = ...

1.3 Konjunktiv Präsens der *a-/e*-Konjugation: Potentialis der Gegenwart

Im Folgenden werden auch Konjunktiv-Präsens-Aktiv-Formen von Verben der *e*-Konjugation verlangt. Wenn dir diese Formen nicht mehr ganz geläufig sind, dann schlag erst mal in deiner Schulgrammatik nach!

Steffi Graf reticulo ac pila adversariam superet.
Steffi Graf <u>wird</u> ihre Gegnerin <u>wohl</u> mit Netz (= *reticulum, i,* n) und Ball (= *pila, ae,* f) (also: im Tennisspiel) besiegen.

So ungefähr würde sich Steffi Grafs Trainer, nach seinen Prognosen zum Ausgang eines bevorstehenden Matches befragt, äußern – spräche er Lateinisch. Auch als Fachmann könnte er letztlich nur unverbindliche, also **potentiale** Aussagen über den Spielverlauf machen.

Ein Konjunktiv, der dazu dient, eine Behauptung in abgemilderter Form zum Ausdruck zu bringen, heißt ① .... Im **Potentialis der Gegenwart** steht der Konjunktiv Präsens (selten auch der Konjunktiv Perfekt). Es gibt auch einen **Potentialis der Vergangenheit**, der aber sehr selten ist.

Eine „abgemilderte Behauptung" kann man – wie sich zeigen wird – recht unterschiedlich im Deutschen wiedergeben. Modale Hilfsverben können ebenso dazu dienen wie verschiedene kleine Wörter.

Zurück nach Arpinum. Nicht anders als einem Trainer von heute ergeht es Stachys. Er sieht, wie sich die Wolken auftürmen, wie sich das Gewitter zusammenbraut, und doch kann er letztlich keine genaue Voraussage darüber machen, welche Schäden zu erwarten sind.
Als Stachys' Blick auf das Dach des Landhauses fällt, durchfährt es ihn wie ein Blitz: Alle Arbeiten haben er, Fabius und die Sklaven folgsam erledigt. Nur die Dachrinne haben sie vergessen zu reinigen:

Stillicidium imbre abundet.

Der Potentialis dient – wie gesagt – dazu, eine Behauptung in abgemilderter Form zum Ausdruck zu bringen. Überlege dir, welche von den folgenden Übersetzungsvorschlägen dies für den obigen Satz leisten. ② (Kreuze an!)

☐ Die Dachrinne wird wohl vom Regenwasser überfließen.
☐ Die Dachrinne dürfte vom Regenwasser überfließen.
☐ Die Dachrinne wird bestimmt vom Regenwasser überfließen.
☐ Die Dachrinne muss vom Regenwasser überfließen.
☐ Die Dachrinne könnte vom Regenwasser überfließen.

stillicidium, i, n

Übung

C 5

Stachys befürchtet noch weitere Schäden. Übersetze „potentialisch":

1. Ventus tectum tegulis privet.

tegula, ae, f

2. Grando frumentum in area vastet.

fulgur, is, n

3. Tonitrus[1] pecora terreat.

1 *tonitrus, us,* m: Donner

4. Fulgur horreum incendio deleat.

horreum, i, n

Vergleiche den Potentialis mit Jussiv und Hortativ:

Der **Jussiv** bezieht sich immer auf die ① ...... Person (Singular oder Plural).

Der **Hortativ** bezieht sich immer auf die ② ...... Person ③ ....

Der **Potentialis** hingegen kann sich auf **alle** Personen im Singular und Plural beziehen:

Übung

C 6

Übersetze!

1. Stillicidium purgem. = Ich werde die Dachrinne wohl reinigen.

2. Stillicidium purges. = ...

3. Stillicidium purget. = ...
usw.

1.4 Konjunktiv Präsens der *a-/e*-Konjugation: Optativ (als erfüllbar gedachter Wunsch für die Gegenwart)

Nun aber Schluss mit allen Befehlen **(Jussiv, Hortativ)** und allen halbherzigen Behauptungen **(Potentialis)**, an welche Person auch immer sie gerichtet sein mögen!

Zeit für Wünsche! Auch Wünsche gut zu formulieren (möglichst so, dass sie auch in Erfüllung gehen), will gelernt sein. Was wünschen wir uns denn? Eine *birotula nova*, also ein neues Fahrrad, einverstanden?

(Utinam) birotulam novam mihi parem!
Möchte ich mir doch ein neues Fahrrad anschaffen!

(Utinam) birotulam novam mihi dones!
Möchtest du mir doch ein neues Fahrrad schenken!

(Utinam) parentes birotulam novam mihi donent!
Möchten mir meine Eltern doch ein neues Fahrrad schenken!

Aber so merkwürdig würdest du dich bestimmt nicht ausdrücken, wenn du dir wirklich ein neues Fahrrad wünschtest! Wir haben es verlernt, unsere Wünsche mithilfe des Konjunktivs vorzutragen.
Wenn du dir zum Geburtstag oder zu Weihnachten von deinen Eltern ein neues Fahrrad wünschst, dann sagst du wahrscheinlich entweder:

„Schenkt mir ein neues Fahrrad!"

Du trägst deinen Wunsch also in der Form des **Imperativs** vor. Oder du sagst:

„Ich wünsche mir ein neues Fahrrad."

Dann trägst du deinen Wunsch in Form eines gewöhnlichen Aussagesatzes im Indikativ vor.

Daran musst du dich also noch gewöhnen: Die Römer tragen ihre Wünsche weder mithilfe des Imperativs noch eines indikativischen Aussagesatzes vor, sondern mithilfe des Konjunktivs und zwar in der Funktion des

① ....

> **Der** ② .... drückt einen **Wunsch** aus. Der Ausdruck
> ③ .... kommt von lat. *optare* = ④ ....
> .... Der Wunsch kann durch *utinam* verstärkt werden.
> Der **Optativ** wird im Lateinischen mit dem Konjunktiv Präsens gebildet,
> wenn er dem Ausdruck eines so genannten „als erfüllbar gedachten
> Wunsches für die Gegenwart" dient.

Was bedeutet überhaupt „als erfüllbar gedachter Wunsch für die Gegenwart"? Die Ausdrucksweise ist in der Tat irreführend. Sie bedeutet nämlich nicht, dass der Wunsch gleichzeitig mit der Äußerung des Wunsches – sozusagen in der „Gegenwart des Wunsches" – in Erfüllung geht. Das Fahrrad, das du dir wünschst, hast du nicht schon im Augenblick des Wünschens, die Möglichkeit aber, dass dein Wunsch sich erfüllt, besteht zu diesem Zeitpunkt bereits. Letztlich also kann sich der „als erfüllbar gedachte Wunsch für die Gegenwart" nur in der Zukunft erfüllen.

Zurück in die Zeit, da man Wünsche noch wunschgerecht zu formulieren verstand! Fabius schließt sich den düsteren potentialischen Voraussagen seines Freundes Stachys („Die Dachrinne wird wohl vom Regenwasser überfließen") nicht an. Er weiß, dass die Götter schon manches Unwetter im letz-

ten Augenblick verhindert oder zumindest die Schäden gering gehalten haben. So ruft er auch diesmal die Götter an. Fabius' erster Wunsch an die Götter lautet:

Utinam di nobis faveant!

Der Konjunktiv Präsens hat hier die Funktion, einen „als erfüllbar gedachten Wunsch für die Gegenwart" zum Ausdruck zu bringen. Welche der folgenden Übersetzungen leisten das? ⑤ (Kreuze an!)

☐ Mögen uns die Götter gewogen sein / begünstigen!
☐ Möchten uns die Götter gewogen sein / begünstigen!
☐ Dass uns die Götter doch gewogen sind / begünstigen!
☐ Wären uns die Götter doch gewogen! / Begünstigten uns die Götter doch!
☐ Wären uns die Götter doch gewogen gewesen! / Hätten uns die Götter doch begünstigt!

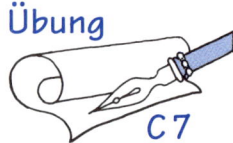
Übung
C 7

Verbinde mit Pfeilen und übersetze!

1. (Utinam) Ceres   grandinem a vitibus[1] arceat!
2. (Utinam) Bacchus iram suam placet!
3. (Utinam) Iupiter   horreum servet!

1 *vitis, is,* f: Weinrebe

Vergleiche nun den Optativ mit Jussiv, Hortativ und Potentialis!

Genau wie der **Jussiv**, der **Hortativ** und der **Potentialis** wird auch der **Optativ** (zum Ausdruck eines als erfüllbar gedachten Wunsches für die Gegenwart) mit dem Konjunktiv Präsens gebildet.
Was die Personen betrifft, auf die sich der Optativ beziehen kann, lässt sich im Vergleich mit Jussiv, Hortativ und Potentialis feststellen:

Der Jussiv bezieht sich immer nur auf die ① .... Person (Singular und Plural).

Der Hortativ bezieht sich immer nur auf die ② .... Person Plural.

Der Optativ hingegen kann sich mit einer Ausnahme wie der Potentialis auf alle Personen im Singular und Plural beziehen. Allein auf die 1. Person Plural kann sich der Optativ nicht beziehen. Ein Wunsch, der sich an die

1. Person Plural richtet, heißt ja ③ .... (*Birotulam novam paremus* = Schaffen wir uns ein neues Fahrrad an!).

Zum Optativ als Ausdruck eines als <u>nicht</u> erfüllbar gedachten Wunsches findest du Infos und Übungen auf S. 51 ff.

1.5 Leicht verwechselbare Konjunktiv- und Indikativformen

Dieses Unterkapitel ist für dich nur dann interessant, wenn du die konsonantische Konjugation schon kennst. Andernfalls überspringst du es.

a) Bilde die Formen des …

Übung C 8

Ind. Präs. Akt. von *monere* (*e*-Konjugation):	**Konj. Präs. Akt.** von *laudare* (*a*-Konjugation):	**Ind. Fut. Akt.** von *dicere* (kons. Konjugation):
mon............	laud............	dic............
mon............	laud............	dic............
mon............	laud............	dic............
mon............	laud............	dic............
mon............	laud............	dic............
mon............	laud............	dic............

Du hast es schon selbst bemerkt: Die Übung dient mal wieder der Vermeidung von Verwechslungsfehlern.

b) Unterstreiche alle Endungen, die in allen drei Konjugationen auftreten und die du darum leicht durcheinander bringen kannst.

Unter den folgenden Dreiergruppen befindet sich immer
- ein Verb im Indikativ Präsens,
- ein Verb im Konjunktiv Präsens und
- ein Verb im Indikativ Futur.

Übung C 9

Ordne die Verben in die richtigen Rubriken und übersetze sie. Die Anfangsbuchstaben der lateinischen Verben von oben nach unten gelesen ergeben einen Wunsch, der nicht nur deinen Freunden auf dem Landgut bei Arpinum aus dem Herzen gesprochen sein wird. Auch dir als Bewohner des nebligen Germaniens wird er wahrscheinlich gerade recht kommen.

	Ind. Präs.	Konj. Präs.	Ind. Fut.
censes, emes, erres: Übersetzung:			
revocentur, ducentur, augentur: Übersetzung:			
dicetis, emendetis, eminetis: Übersetzung:			
narremus, latemus, agemus: Übersetzung:			
urget, teget, ululet[1]*:* Übersetzung:			
urentur, mandentur, mordentur: Übersetzung:			
raptetur, sustinetur, reddetur: Übersetzung:			

1 *ululare:* heulen

Der lateinische Lösungssatz lautet:

....

Auf Deutsch:

....

2. Konjunktiv Imperfekt und Plusquamperfekt der *a-/e*-Konjugation und von *esse*
oder: **Ferien auf dem Bauernhof II**

Ergänze, übersetze ins Heft und ordne die Sätze mit Pfeilen den grammatischen Begriffen zu!

Vicinus cervisiam[1] potat,   Konsekutivsatz

ut tristitia liber......tur.

Si minus cervisiae potaret,   Begehrsatz
diutius inter vivos maneret.

Vicinus tantum cervisiae potabat,   Optativ: als unerfüllbar gedachter
                                                 Wunsch für die Gegenwart
ut iecur[2] suum del............t.

(Utinam) vicinus hunc   Irrealis der Gegenwart
diem sanus videret!

(Utinam) valetudinem suam   Absichtssatz
diligentius curavisset!

Quotiens vicina vicinum implorabat,   Optativ: als unerfüllbar gedachter
                                                 Wunsch für die Vergangenheit
ne tantum cervisiae pot............t!

1 *cervisia, ae,* f: Bier • 2 *iecur, uris,* n: Leber

Wenn du gar keinen oder nur einen Fehler hast, darfst du dieses Kapitel überspringen.

Du hast mit der Formenbildung des Konjunktiv Imperfekt und Plusquamperfekt (auch von *esse*) noch Schwierigkeiten? Dann schlag erst einmal die entsprechenden Tabellen in deiner Schulgrammatik auf!

2.1 Konjunktiv Imperfekt und Plusquamperfekt der *a-/e*-Konjugation und von *esse*: Optativ (als nicht erfüllbar gedachter Wunsch)

„Wie kann man nur einen Wunsch äußern, von dem man von vornherein weiß, dass er nicht in Erfüllung geht? Das ist doch schrecklich sentimental!" Hm, so waren die alten Römer nun einmal. Sie waren ja z. B. auch so sentimental, dass sie sich nichts dabei dachten, wenn sie in aller Öffentlichkeit laut weinten. Übrigens: Wenn jeder zwecklose Wünsche äußert, dann braucht sich niemand mehr vor dem anderen dafür zu genieren!

Wie der als erfüllbar gedachte Wunsch für die Gegenwart im Lateinischen gebildet wird, weißt du noch, oder? Wenn nicht, dann blättere zurück zu S. 46! Den als **nicht erfüllbar gedachten** Wunsch für die **Gegenwart** und den als **nicht erfüllbar gedachten** Wunsch für die **Vergangenheit** haben wir noch nicht besprochen.

Übung
C 10

Vielleicht gelingt es dir aber trotzdem, die folgenden Sätze mit Pfeilen den grammatikalischen Begriffen zuzuordnen?

1. *(Utinam) donum birotula nova esset!*
Wäre das Geschenk doch ein neues
Fahrrad! (Aber es ist kein neues Fahrrad.)

als **erfüllbar**
gedachter Wunsch
für die **Gegenwart**

2. *(Utinam) donum birotula nova sit!*
Möchte das Geschenk doch ein neues
Fahrrad sein! (Und vielleicht ist es das auch.)

als **nicht erfüllbar**
gedachter Wunsch
für die **Vergangenheit**

3. *(Utinam) donum birotula nova fuisset!*
Wäre das Geschenk doch ein neues
Fahrrad gewesen! (Aber es war keines.)

als **nicht erfüllbar**
gedachter Wunsch
für die **Gegenwart**

Merke

Wenn der Optativ zum Ausdruck eines als **erfüllbar** gedachten Wunsches für die **Gegenwart** dient, verwendet man also – wie du längst schon

weißt – den Konjunktiv ① ....
Wenn der Optativ zum Ausdruck eines als **nicht erfüllbar** gedachten Wunsches für die **Gegenwart** dient, verwendet man den Konjunktiv

② ....
Wenn der Optativ zum Ausdruck eines als **nicht erfüllbar** gedachten Wunsches für die **Vergangenheit** dient, verwendest du den Konjunktiv

③ ....

Übung
C 11

1. *(Utinam) donum birotula nova esset!* Nur eine der Übersetzungen ist <u>nicht</u> möglich, welche? (Kreuze an!)
☐ Wäre das Geschenk doch ein neues Fahrrad!
☐ Wenn das Geschenk doch ein neues Fahrrad wäre!
☐ Wenn das Geschenk doch ein neues Fahrrad ist!
☐ Würde das Geschenk doch ein neues Fahrrad sein!

2. *(Utinam) donum birotula nova fuisset!* Nur eine der Übersetzungen ist <u>nicht</u> möglich, welche? (Kreuze an!)
☐ Wäre das Geschenk doch ein neues Fahrrad gewesen!
☐ Wenn das Geschenk doch ein neues Fahrrad gewesen wäre!
☐ Möchte das Geschenk ein neues Fahrrad gewesen sein!

Über das Landgut bei Arpinum nicht weit von Rom, das dem Großvater des Römers Fabius gehört, ist soeben ein schreckliches Gewitter niedergegangen, das große Schäden angerichtet hat. Die Bitten des jungen Fabius, der zusammen mit seinem griechischen Freund Stachys hier die Ferien verbringt, sind von den Göttern nicht erhört worden.

Alles umsonst! Zeit für Wünsche, die als unerfüllbar gedacht werden! Stachys und Fabius jedenfalls lassen sich zu solchen verzweifelten Wünschen hinreißen …

Übersetze! (Wortschatzhilfen oben s. S. 46)

Übung

C 12

1. (Utinam) stillicidium purgavissemus!
2. (Utinam) grando frumentum in area non/ne vastavisset!
3. (Utinam) pecora adhuc valerent!
4. (Utinam) horreum adhuc integrum esset!

2.2 Konjunktiv Präsens und Imperfekt: *ut*-Sätze (Begehr- und Absichtssätze)

Emilio parentes implorat, ut birotulam novam ei donent.
Emilio fleht seine Eltern an, dass sie ihm ein neues Fahrrad schenken.

Emilio parentes imploravit, ut birotulam novam ei donarent.
Emilio flehte seine Eltern an, dass sie ihm ein neues Fahrrad schenken.

Emilio linguae Latinae assidue studet, ut birotulam novam obtineat.
Emilio bemüht sich unermüdlich um die lateinische Sprache, damit er ein neues Fahrrad bekommt.

Parentes Emilionem rogant, ne birotulam novam desideret.
Die Eltern bitten Emilio, dass er sich kein neues Fahrrad wünscht.

Merke

Wir stellen fest:

Das Verb im lateinischen *ut*-Satz steht – anders als im Deutschen – <u>nicht</u>

im Indikativ, sondern im ① ....

Und zwar:

– Wenn im übergeordneten (Haupt-)Satz **Präsens** steht, dann steht im

   ut-Satz der Konjunkiv ② ....

– Wenn im übergeordneten (Haupt-)Satz ein Vergangenheitstempus

   steht, dann steht im *ut*-Satz der Konjunktiv ③ ....

Im Deutschen steht im *ut*-Satz immer – auch wenn im übergeordneten Satz ein Vergangenheitstempus steht – der Indikativ ④ ....

Bei Verneinung wird die Konjunktion *ut* durch ⑤ .... ersetzt.

Im Deutschen kannst du die *ut*-Sätze natürlich immer mit *dass*- bzw. *damit*-Sätzen wiedergeben:

Emilio fleht seine Eltern an, dass sie ihm ein neues Fahrrad schenken.
Emilio bemüht sich eifrig um die lateinische Sprache, damit er ein neues Fahrrad bekommt.

Eleganter aber klingt die Auflösung in eine Infinitiv-Konstruktion (statt eines *dass*-Satzes) bzw. eine „um … zu"-Konstruktion (statt eines *damit*-Satzes). (Diese Auflösungen sind jedoch nicht immer möglich):

Emilio fleht seine Eltern an, ihm ein neues Fahrrad <u>zu schenken</u>.
Emilio bemüht sich unermüdlich um die lateinische Sprache, <u>um</u> ein neues Fahrrad <u>zu bekommen</u>.

Was geschehen ist, kann man nicht rückgängig machen, auch durch noch so eifriges Wünschen nicht. So sehr der Großvater bei Anzug des Gewitters aus dem Häuschen war, so wenig beteiligt er sich jetzt an dem sentimentalen Gejammer von Fabius und seinem Freund Stachys (also an den als unerfüllbar gedachten Wünschen!). Stattdessen leitet er sofort alles in die Wege, um die Schäden zu beseitigen. Vor allem macht er sich an den Wiederaufbau des *horreums*.

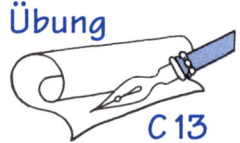

Übung

C 13

Ergänze die Ausgänge und übersetze mit Infinitiv- bzw. „um … zu"-Konstruktionen!

trabs, is, f

serra, ae, f

tegula, ae, f

a)

1. Avus suos admonuit, ne calamitatem amplius[1] dol_____.

2. Primo servo imperat, ut reliquias[2] veteris horrei deport_____.

3. Secundo servo imperat, ut trabes apport_____.

4. Tertio servo imperat, ut trabes serra sec_____.

5. Ab ancilla postulavit, ut cenam optimam par_____.

6. Avia tempestate maxime perturbata est; itaque aviae suasit, ut domi

   man_____.

1 *amplius:* länger (zeitl.) • 2 *reliquiae, arum,* f: Überreste

Wenn du die konsonantische Konjugation schon kennst, kannst du auch die folgenden beiden Sätze noch ergänzen und übersetzen:

7. Stachym orat, ut stillicidium fac_____.

8. Fabium rogavit, ut tegulas fing_____.

Fast alle Anweisungen des Großvaters werden befolgt:

b)

1. Servi advolant, ut horreum aedific_____.

2. Ancilla domum intrat, ut cenam optimam par_____.

3. Avia domi manet, ne calamitate amplius perturb_____.

Wenn du die konsonantische Konjugation schon kennst, kannst du auch die folgenden beiden Sätze noch ergänzen und übersetzen:

4. Fabius terram idoneam quaerit, ut tegulas fing_____.

Nur Stachys hat nicht verstanden, was er tun soll. Fabius sagt es ihm noch einmal:

5. Avus te oravit, ut stillicidium fac_____.

Und jetzt wird's knifflig: Schau dir deine Übersetzungen der *ut*-Sätze noch einmal genau an. Welche *ut*-Sätze hast du mit einer Infinitiv-Konstruktion wiedergegeben und welche mit einer „um ... zu"-Konstruktion?

Die ersten sieben *ut*-Sätze und den letzten habe ich mit einer ① ....

.... wiedergegeben.

Die übrigen vier *ut*-Sätze habe ich mit einer ② ....
wiedergegeben.

! Das kann kein Zufall sein! Den verschiedenen Übersetzungen müssen auch verschiedene *ut*-Satz-Typen zugrunde liegen. *Ut*-Satz ist nicht gleich *ut*-Satz.

Der Unterschied der beiden hier behandelten *ut*-Satz-Typen wird dir deutlich, wenn du dir die Bedeutung der Verben in den übergeordneten Sätzen klarmachst:

Die ersten sieben Sätze und der letzte Satz sind von folgenden übergeordneten Verben abhängig: *admonere, imperare, postulare, suadere, orare, rogare*. Hierbei handelt es sich um ③ (Kreuze an!)

☐ Verben des Bittens und Veranlassens.
☐ Verben, die sich keinem bestimmten Bedeutungsfeld zuordnen lassen.

Ut-Sätze, die von solchen Verben abhängen, werden mit einer ④ .... -

oder ⑤ .... -Konstruktion übersetzt. Sie werden als Begehrsätze bezeichnet.

Die restlichen vier Sätze sind von folgenden übergeordneten Verben abhängig: *advolare, intrare, manere, quaerere*.

Hierbei handelt es sich um ⑥ (Kreuze an!)

☐ Verben des Bittens und Veranlassens.
☐ Verben, die sich keinem bestimmten Bedeutungsfeld zuordnen lassen.

Ut-Sätze, die von solchen Verben abhängen, werden mit einer ⑦ .... -

oder ⑧ .... -Konstruktion übersetzt. Sie werden als Absichtssätze bezeichnet.

2.3 Konjunktiv Präsens und Imperfekt: *ut*-Sätze (Konsekutivsätze)

Die neue Scheune wird ein prächtiges Gebäude. Sie stellt alle Scheunen in der Umgebung in den Schatten:

Horreum novum tam pulchrum erat, ut ceteris horreis pulchritudine praestaret.
Die neue Scheune war so schön, dass sie die übrigen an Schönheit übertraf.

Cetera horrea tam turpia erant, ut horreo novo pulchritudine non praestarent.
Die übrigen Scheunen waren so hässlich, dass sie die neue Scheune an Schönheit nicht übertrafen.

Vergleiche diese *ut*-Sätze mit den *ut*-Sätzen, die du aus dem vorigen Unterkapitel (Begehr- und Absichtssätze) kennst:

– Anders als bei den Begehr- und Absichtssätzen stehen in den übergeordneten Sätzen nun häufig kleine Wörter wie *ita, sic, adeo* und (im obigen Beispiel) ① ....

– Anders als bei den Begehr- und Absichtssätzen ist die Negation <u>nicht</u> ② ...., sondern ③ ....

– Anders als bei den Begehr- und Absichtssätzen gibt es nur <u>eine</u> Übersetzungsmöglichkeit, nämlich ④ (Kreuze an!)

☐ *dass* ...
☐ Infinitiv-Konstruktion
☐ *damit* ...
☐ „um ... zu"-Konstruktion

Der Folge- oder ⑥ .... gibt Auskunft über die **Folge** eines im übergeordneten Satz beschriebenen Geschehens. Im übergeordneten Satz steht also ⑦ (Kreuze an!)

☐ die Ursache,
☐ die Wirkung,

und im *ut*-Satz ⑧

☐ die Ursache.
☐ die Wirkung.

So, und jetzt baust du auch etwas. Allerdings keine Scheune, sondern Sätze. Errichte drei lateinische Satzpaare, die in ihrem Aufbau dem obigen Satzpaar (S. 56) genau entsprechen. Verwende dazu folgende Begriffe als Ersatzmaterial für die blau gedruckten Wörter:

Übung

C 14

altus, altitudo, magnus, claritas, humilis, clarus, parvus, ignotus, magnitudo

2.4 Konjunktiv Imperfekt und Plusquamperfekt: *si*-Sätze

Übung C 15

Übersetze!

1. Si noctua cantat, tempestas abest.

   <u>Wenn das Käuzchen singt, ist das</u>

   <u>Unwetter fern. (Realis)</u>

2. Si noctua cantaret, tempestas abesset.
   (Irrealis der Gegenwart)

   ....

   ....

3. Si noctua cantavisset, tempestas afuisset.
   (Irrealis der Vergangenheit)

   ....

   ....

* Der Mond ist aufgegangen, die gold'nen Sternlein prangen am Himmel hell und klar …

> *
> Sunt ortae stellae. Una collucent hae cum luna in caelo tranquillo …

Hast du noch Puste? Gut. Der folgende Multiple-Choice-Test zu *ut*- und *si*-Satz erfordert nämlich deine volle Konzentration:

Übung C 16

Der *ut*-Satz ist nicht der einzige Nebensatz, in dem der Konjunktiv steht. Auch im *si*-**Satz** ① (Kreuze an!)
☐ muss der Konjunktiv stehen.
☐ kann der Konjunktiv stehen.
Wenn im übergeordneten Satz der Konjunktiv steht, dann steht ②
☐ aber immer auch im *si*-Satz der Konjunktiv.
☐ im *si*-Satz weiterhin der Indikativ. (Wie im Englischen: „*If* und *would* – schon kaputt.")

Der Konjunktiv im *ut*-Satz wird im Deutschen mit dem Indikativ wiedergegeben. Wie aber steht es mit dem *si*-Satz? ③ (Kreuze an!)
☐ Auch der Konjunktiv im *si*-Satz wird im Deutschen mit dem Indikativ wiedergegeben.
☐ Der Konjunktiv im *si*-Satz wird im Deutschen ebenfalls mit dem Konjunktiv wiedergegeben.

Das Satzgefüge „Wenn das Käuzchen singt, ist das Unwetter fern." hat die Funktion des Realis. Was versteht man unter Realis? ④ (Kreuze an!)
☐ Realis bedeutet, dass etwas wirklich geschieht: Das Käuzchen singt tatsächlich.
☐ Die Bezeichnung Realis ist irreführend: Ob das Käuzchen tatsächlich singt, bleibt offen. Entweder es singt oder es singt nicht.

Und was versteht man unter Irrealis ⑤ (s. Satz 2 und 3 oben)?

☐ Irrealis bedeutet, dass die Folgerung im *ut*-Satz irreal, also unzutreffend ist. Es stimmt gar nicht, dass das Unwetter fern ist, wenn das Käuzchen singt. Zwischen der Witterung und dem Singen des Käuzchens gibt es keinerlei Zusammenhang.

☐ Nicht die Folgerung für sich betrachtet ist unzutreffend, sondern die Aussage des übergeordneten Satzes und damit automatisch auch die Folgerung im *ut*-Satz. Wenn das Käuzchen wirklich einmal singen sollte, dann wird ganz ohne Zweifel auch das Unwetter fern sein. Aber da nun einmal das Käuzchen nicht singt/gesungen hat, ist/war auch das Unwetter nicht fern.

Die neue stattliche Scheune steht. Ein Tag mit gleißend blauem Himmel folgt auf den anderen. Auch der Großvater kann keinerlei Anzeichen für einen Wetterumschwung entdecken. Allmählich fängt er an, laut darüber nachzudenken, welche Folgen es hat, wenn das schöne Wetter kein Ende nimmt.

Diesmal spricht der Großvater zwar etwas langsamer, sodass Stachys ihn besser versteht. Allein: Mit der Bildung des Konjunktivs kann irgendetwas nicht stimmen, das ist auch Stachys klar. In jeder Konjunktivform, die der *avus* bildet, taucht nämlich gleich zweimal die Silbe *-re-* auf. Streiche, soweit erforderlich, ein *-re-* durch und übersetze:

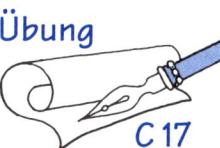

Übung

C 17

Si caelum semper serenum esset, …

1. … flores non iam flo-re-re-nt.
2. … aves non iam canta-re-re-nt.
3. … boves hominibus lac non iam dona-re-re-nt.
4. … homines omnibus cibis ca-re-re-nt.

Wenn du die konsonantische Konjugation schon kennst, kannst du auch folgende Einsichten des Großvaters noch übersetzen:

5. … terra fruges non iam pa-re-re-t.
6. … frumentum non se-re-re-tur.
7. … sol terram u-re-re-t.
8. … homines frustra aquam quae-re-re-nt.

(In einigen *si*-Sätzen steht auch das Futur II. Diese werden auf S. 65f. behandelt.)

3. Konjunktiv Perfekt und Futur II der *a-/e*-Konjugation und von *esse*
oder: **Im Klostergarten**

Vortest

Ergänze, übersetze ins Heft und ordne mit Pfeilen den grammatikalischen Begriffen zu!

<u>Si gaudia et dolores mundi aliquando te</u>	Indirekter Fragesatz
<u>fatiga .... nt</u>, solitudinem desiderabis.	(Gleichzeitigkeit)
Iam diu non ignorabam, <u>cur anima et</u>	Indirekter Fragesatz
<u>corpore parum val .... s.</u>	(Vorzeitigkeit)
Rogo te, <u>quid anima tua magis delect .... t</u>	Indirekter Fragesatz
<u>quam hortus umbrosus[1] monasterii[2].</u>	(Gleichzeitigkeit)
Nemo te rogabit, <u>ubi ante habita .... s.</u>	Prohibitiv
<u>Ne amplius dubita .... s monachus[3] esse!</u>	Konditionalsatz

1 *umbrosus, a, um:* schattig • 2 *monasterium, i,* n: Kloster • 3 *monachus, i,* m: Mönch

Wenn du nur einen oder gar keinen Fehler hast, darfst du dieses Kapitel überspringen und gleich auf S. 67 weitermachen.

Xavers Onkel hetzte so lange als Manager von Konferenz zu Konferenz, bis dieser Stress ihm einfach zuviel wurde. Daraufhin zog er sich ins Kloster zurück. Xaver darf seinen Onkel dort besuchen, aber nur unter der Voraussetzung, dass er sich mit ihm ausschließlich auf Latein unterhält. So will es

der Onkel, der seine neuen Lebensumstände gern dazu nutzt, seine verstaubten Lateinkenntnisse endlich wieder aufzufrischen. Xaver erkundigt sich vor allem nach dem *herbularius*, dem Heilkräutergarten des Klosters, denn Xavers Lieblingsfach ist Biologie.

Übersetze!

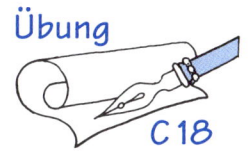

Übung C 18

1. Xaver: Ubi herbularius est?
Avunculus: Herbularius post domum medici est.
Auf dem Weg zum Kräutergarten stellt Xaver weitere Fragen.
2. Xaver: Quis herbularium comparavit?
Avunculus: Monachus Gallus herbularium comparavit.
3. Xaver: Quando herbularius comparatus est?
Avunculus: Herbularius iam octavo saeculo comparatus est.
4. Xaver: Quotiens herbularius rigatur[1]?
Avunculus: Herbularius in loco umbroso est. Vesperi[2] solum rigatur.
5. Xaver: Quae herbae in herbulario florent?
Avunculus: Variae herbae in herbulario florent. Non cunctae salutares[3] sunt. In nonnullis etiam venenum[4] inest.

1 *rigare:* bewässern • 2 *vesperi:* abends • 3 *salutaris, e:* heilsam • 4 *venenum, i,* n: Gift

3.1 Der indirekte Fragesatz

In Liebe entbrannte der Konjunktiv
zum Fragewort, weshalb er rief:
Ich liebe dich, doch die Liebe wird weichen,
bleibt dein Geliebter das Fragezeichen.

TiPP

Das Fragewort spricht zum Fragezeichen,
heute noch musst du von mir weichen.
Das Fragezeichen geht und weint,
Konjunktiv und Fragewort sind vereint.

Wovon ist die Rede? Vom **indirekten** ① ....
im Lateinischen.

Gleich nach dem Gespräch mit seinem Onkel will Xaver seinen Eltern auf Lateinisch einen Brief schreiben. Sowohl seine Fragen als auch die Antworten des Onkels will er darin fein säuberlich wiedergeben. Er weiß, dass aus den

direkten Fragesätzen nun ② ....
werden müssen. Aber wie soll das im Einzelnen geschehen? Xavers Lieblingsfach ist Biologie und nicht Latein – von den indirekten Fragesätzen hat er nicht viel Ahnung.
Xaver bittet dich, ihm zu helfen. Um ihm helfen zu können, musst du dir das Wichtigste zum indirekten Fragesatz erst selbst noch einmal klarmachen:

Direkter Fragesatz:

Xaver avunculum rogat: „Ubi est herbularius?"

Xaver fragt den Onkel: „Wo ist der Heilkräutergarten?"

Indirekter Fragesatz:

Xaver avunculum rogat, ubi herbularius sit.

Xaver fragt den Onkel, wo der Heilkräutergarten ist.

Wenn du die beiden Sätze vergleichst, wirst du eine Reihe von Unterschieden feststellen zwischen dem direkten und dem indirekten Fragesatz (die für das Lateinische und das Deutsche gleichermaßen gültig sind).

Zeichensetzung:

– Während am Ende des direkten Fragesatzes ein ③ .... steht, steht am Ende des indirekten Fragesatzes ein ④ .... (bzw. ein Komma, wenn der indirekte Fragesatz voransteht: Wo der Garten ist, fragt Xaver den Onkel.)

– Während der direkte Fragesatz in ⑤ .... steht, fehlen diese beim indirekten Fragesatz.

– Während der direkte Fragesatz ein Hauptsatz ist, ist der indirekte Fragesatz ein ⑥ ....

– Während das Fragewort des direkten Fragesatzes immer am ⑦ .... des Satzes steht, steht das Fragewort des indirekten Fragesatzes meist direkt hinter dem übergeordneten Satz.

Nur in einem Punkt unterscheidet sich der lateinische vom deutschen indirekten Fragesatz: Anders als im Deutschen ist der Modus des indirekten Fragesatzes im Lateinischen der ⑧ ....

Eingeleitet wird sowohl der direkte als auch der indirekte Fragesatz häufig von einem Fragewort. Welche Fragewörter kennst du schon? (Übersetze!)

quis	= ⑨		*quid*	= ⑩ ....
ubi	= ⑪		*quando*	= ⑫ ....
quotiens	= ⑬		*cur*	= ⑭ ....

Auch: *qui, quae, quod* (das normalerweise ⑮ .... ist) kann in Verbindung mit Substantiven Fragewort sein:

Quae herbae in herbulario florent? = ⑯ .... Kräuter blühen im Heilkräutergarten?

Wir sind mit der Theorie noch (lange) nicht zu Ende. Aber kannst du dich noch konzentrieren? Ja? Sonst klapp das Buch jetzt zu und mach an dieser Stelle morgen weiter.

Ein wichtiger Punkt beim indirekten Fragesatz ist die **Zeitenfolge**. Schau dir die folgenden Sätze genau an und ergänze dann den erklärenden Text!

1. *Xaver avunculum rogat, ubi herbularius sit.*   Gleichzeitigkeit
   Xaver fragt den Onkel, wo der Heilkräutergarten ist.
2. *Xaver avunculum rogat, ubi herbularius fuerit.*   Vorzeitigkeit
   Xaver fragt den Onkel, wo der Heilkräutergarten
   gewesen ist.
3. *Xaver avunculum rogavit, ubi herbularius esset.*   Gleichzeitigkeit
   Xaver fragte den Onkel, wo der Heilkräutergarten ist.
4. *Xaver avunculum rogavit, ubi herbularius fuisset.*   Vorzeitigkeit
   Xaver fragte den Onkel, wo der Heilkräutergarten gewesen ist.

Für das Lateinische stelle ich fest:

Steht der übergeordnete Satz im **Präsens**, dann steht bei
– Gleichzeitigkeit der indirekte Fragesatz im ⑰ ....

  ....
– Vorzeitigkeit der indirekte Fragesatz im ⑱ ....

  ....

Steht der übergeordnete Satz in einem **Vergangenheitstempus** (hier: Perfekt), dann steht bei
– Gleichzeitigkeit der indirekte Fragesatz im ⑲ ....

  ....
– Vorzeitigkeit der indirekte Fragesatz im ⑳ ....

  ....

Merke

Bei der deutschen Übersetzung fällt mir hingegen auf, dass:
– im indirekten Fragesatz als Tempus
   – bei **Gleichzeitigkeit** immer das ㉑ .... verwendet wird (also auch, wenn der übergeordnete Satz in einem Vergangenheitstempus steht)
   – bei **Vorzeitigkeit** immer das ㉒ .... verwendet wird.

Was aber bedeutet Gleichzeitigkeit bzw. Vorzeitigkeit? Wichtig ist, dass du bei der Bestimmung des **Zeitverhältnisses** immer vom indirekten Fragesatz ausgehst. Gleichzeitigkeit bedeutet, dass die Aussage des indirekten Fragesatzes (Vom indirekten Fragesatz gehst du ja aus!) sich auf den gleichen Zeitpunkt bezieht wie die Aussage des übergeordneten Satzes:

In „Xaver fragt den Onkel, wo der Heilkräutergarten ist." liegt also Gleichzeitigkeit vor, weil Xaver wissen will, wo sich der Heilkräutergarten in dem Moment befindet, in dem er danach fragt.

Und was bedeutet Vorzeitigkeit? Du kommst selbst drauf: (Kreuze an!)
In „Xaver fragt den Onkel, wo der Heilkräutergarten gewesen ist." liegt Vorzeitigkeit vor, weil die Aussage des ㉓
☐ indirekten Fragesatzes („… wo der Heilkräutergarten gewesen ist.")
☐ übergeordneten Satzes („Xaver fragt den Onkel, …")
sich auf einen früheren Zeitpunkt bezieht als die Aussage des ㉔
☐ indirekten Fragesatzes („… wo der Heilkräutergarten gewesen ist.")
☐ übergeordneten Satzes („Xaver fragt den Onkel, …").

Vergleiche den Modusgebrauch im lateinischen indirekten Fragesatz mit dem Modusgebrauch in den *ut*- und in den *si*-Sätzen: (Kreuze an!)
Der Konjunktiv in den **ut-Sätzen** wird im Deutschen mit dem ㉕
☐ Konjunktiv wiedergegeben.
☐ Indikativ wiedergegeben.
Der Konjunktiv Imperfekt in den **si-Sätzen** wird im Deutschen mit dem ㉖
☐ Konjunktiv wiedergegeben.
☐ Indikativ wiedergegeben.
Der Konjunktiv im **indirekten Fragesatz** wird genau wie der Konjunktiv im *ut*-Satz (gewöhnlich) mit dem ㉗
☐ Konjunktiv wiedergegeben.
☐ Indikativ wiedergegeben.

Hand aufs Herz: Du hast im Theorieteil schlappgemacht? Nein? Hut ab!

In Hauptsätzen kommt der Konjunktiv Perfekt nur selten vor, im **indirekten Fragesatz** spielt er hingegen eine wichtige Rolle. Falls du mit den Konjunktiv-Perfekt-Formen Schwierigkeiten hast, wiederholst du sie in deiner Schulgrammatik (auch die Formen von *esse*). Nur wenn du den Konjunktiv Perfekt zu bilden weißt, bist du Xaver beim Abfassen des Briefes an seine Eltern eine wirkliche Stütze.

Übung

C 19

Wandle den Text der Vorübung (S. 61) nach dem folgenden Muster um und übersetze!

Xaver matri et patri salutem[1]!

Avunculum rogavi, ubi herbularius esset.
Non ignorat, ubi herbularius sit. Post domum medici est.
Avunculum rogavi, …

Valete!

1 *Xaver matri et patri salutem:* Xaver wünscht Mutter und Vater Wohlergehen (Eingangsformel eines Briefes).

3.2 Futur II: *si*-Sätze

Wenn du dich noch einmal über die *si*-Sätze mit Indikativ Präsens, Konjunktiv Imperfekt und Konjunktiv Plusquamperfekt informieren möchtest, dann blättere zurück zu S. 58f. Hier geht es nur um die *si*-Sätze mit Futur II.

Der **Konjunktiv Perfekt** kommt besonders im indirekten ① ....

.... vor, das **Futur II** hingegen besonders im *si*-Satz.

Wenn du die Aktiv-Formen des Futur II mit denen des Konjunktiv Perfekt in deiner Schulgrammatik vergleichst, wirst du feststellen, dass sie sich

nur in einer einzigen Form unterscheiden, nämlich in der ② .... Person

③ .... (*-vero* ↔ *-verim*)

Der Onkel erklärt Xaver auch die Wirkungsweise einzelner Pflanzen, z. B.:

Si salviam potaveris, fauces tuae sanae erunt.
Wenn du Salbei zu dir genommen haben wirst, wird dein Rachen gesund sein.

Das Futur II im *si*-Satz kannst du im Deutschen übrigens nicht nur mit dem Futur II (Wenn du Salbei zu dir genommen haben wirst, …) wiedergeben, sondern auch mit ④ (Kreuze an!)
☐ Futur I (Wenn du Salbei zu dir nehmen wirst, …).
☐ Präsens (Wenn du Salbei zu dir nimmst, …).
☐ Perfekt (Wenn du Salbei zu dir genommen hast, …).
☐ Imperfekt (Wenn du Salbei zu dir nahmst, …).

salvia
(Salbei)

conium
(Schierling)

ros marinus
(Rosmarin)

laburnum
(Goldregen)

mentha
(Minze)

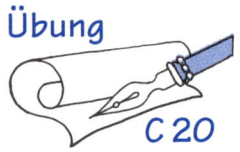

Übung

C 20

Übersetze!

1. Si conium potaveris, corpus tuum torpebit[1].
2. Si rorem marinum (!) potaveris, somno domaberis.
3. Si laburnum potaveris, corpus tuum delebitur.
4. Nisi mentham potaveris, os tuum olebit.

1 *torpere, torpeo:* starr sein

Realis oder Irrealis?

Die obigen *si*-Sätze haben die Funktion des ①
☐ Realis, weil offen bleibt, ob Xaver die Heilkräuter auch tatsächlich zu sich nimmt.
☐ Irrealis, weil die gemachten Aussagen bestimmt nicht eintreten: Xaver wird gewiss keines der Heilkräuter zu sich nehmen.

3.3 Der Prohibitiv

Was war noch der Prohibitiv?
Der Prohibitiv (von lat. *prohibere* = ②) .... ist ③
☐ das verneinte Imperfekt.
☐ der verneinte Imperativ.
☐ der verneinte Infinitiv.

Der Prohibitiv setzt sich zusammen aus *ne,* verbunden mit dem ④
☐ Indikativ Perfekt.
☐ Konjunktiv Perfekt.
☐ Konjunktiv Plusquamperfekt.

Übung

C 21

Welche der Pflanzen sind nach Aussage des Onkels schädlich, welche nicht? Ergänze und übersetze!

1. Salvia herba salutaris est! Salviam ne vitaveris!

2. Conium herba veneni est. Conium vita!

3. Ros marinus ....

   Rorem marinum .... !

4. Laburnum .... !

5. Mentha .... !

Der Aci
oder: **Ist die Katze aus dem Haus, tanzen die Mäuse!**

1. Der lateinische Infinitiv

Ordne folgende Formen in die Tabelle ein und übersetze sie!

1. *posse* 2. *portatum esse* 3. *deletum iri* 4. *flevisse* 5. *augeri* 6. *futurum esse* (= fore)

	Inf. Präs. Aktiv	Passiv	Inf. Perf. Aktiv	Passiv	Inf. Fut. Aktiv	Passiv
1.	*posse* können					
2.				*portatum esse* gebracht worden sein		
3.						
4.						
5.						
6.						

Bilde folgende Infinitivformen und übersetze sie!

Inf. Präs. Pass. zu *complere:*

....

Inf. Perf. Pass. zu *providere:*

....

Inf. Fut. Akt. zu *praestare:*

....

Wenn du den Vortest fehlerfrei lösen konntest, darfst du das Kapitel D 1 über-springen und auf S. 70 weitermachen. Andernfalls arbeite es gründlich durch. Denn nur wenn du die Infinitivbildung beherrschst, wirst du auch mit dem Aci im nächsten Kapitel zurechtkommen.

Für jede Zeitstufe, also für **Gegenwart**, **Vergangenheit** und **Zukunft**, gibt es eine Infinitivform im Aktiv und eine im Passiv. Insgesamt gibt es im Lateini-schen also ① .... Infinitivformen.
Sehen wir uns diese Formen anhand des Beispielwortes *laudare* an!

Die Infinitive der Gegenwart:
Infinitiv **Präsens Aktiv**: *lauda-re* (= Präsensstamm + *re*)

Infinitiv **Präsens Passiv**: ② .... (= Präsensstamm + *ri*)

Merke

> Der **Infinitiv Präsens Passiv** wird in der *a-*, *e-* und *i-*Konjugation aus dem **Präsensstamm** und der Endung *-ri* gebildet.

!

Achtung: Bei der Bildung des Infinitiv Passiv der konsonantischen Konjuga-tion entfällt das *-ere* vollständig:
*duco, duc-**ere**: duc-**i***
*capio, cape-**ere**: cap-**i***

Übung D 1

a) Übersetze. Vorsicht vor Verwechslungen!

1. *lauda-ri* – ....

2. *lauda-vi* – ....

3. *lauda-nti* – ....

4. *lauda-ti* – ....

b) Bilde die entsprechenden vier lateinischen Formen zu:

monere

1. .... 2. ....

3. .... 4. ....

audire

1. .... 2. ....

3. .... 4. ....

Bilde zu folgenden Verben den Infinitiv Präsens Passiv:

agere, legere, tenere, minuere, arcere

Übung

D 2

Die Infinitive der Vergangenheit:
Infinitiv **Perfekt Aktiv**: *laudav-isse*
Infinitiv **Perfekt Passiv**: *laudat-um esse*
Den Perfektstamm *(laudav-)* und den Partizipialstamm *(laudat-)* liefern dir die
Stammformen:
*laudare, laudo, **laudav-i**, **laudat**-um*

Die Infinitive der Zukunft:
Infinitiv **Futur Aktiv**: *laudat-**urum** esse*
Infinitiv **Futur Passiv**: *laudat-**um iri***

Die Endung des Partizip Perfekt Passiv im Infinitiv **Futur Passiv** bleibt
immer unverändert *-um*!
Die Kurzform für *futurum esse* (Infinitiv **Futur Aktiv** von *esse*) heißt

① ....

Merke

Bilde alle möglichen Infinitive in Vergangenheit, Gegenwart und Zukunft zu
jeder der sechs Verbformen der ersten Übung des Vortests! Trage die Infinitive
in die Tabelle auf Seite 67 ein.

Übung

D 3

Achtung Verwechslungsgefahr!
a) Übersetze!

Übung

D 4

terreri – .... *terrori* – ....

timeri – .... *timori* – ....

salutari – .... oder ....

(Die Teilaufgaben b) brauchst du nur zu bearbeiten, wenn du bereits Verben der *i-* und der konsonantischen Konjugation kennst!)

b) Die folgenden Wörter können jeweils sowohl als **Verb** als auch als **Nomen** (Substantiv, Adjektiv) aufgefasst werden. Nenne die Lernformen, bestimme, welche Form hier vorliegt, und übersetze:

cani

canere, cano, cecini – singen; Inf. Präs. Pass.; gesungen werden

canis, -is (m/f) – Hund, Hündin; Dat. Sg.; dem Hund

pari

....

....

duci

....

....

  **D** ## 2. Der Aci *(Accusativus cum infinitivo)*

Vortest

Übersetze!

1. Romani putabant deos sacrificiis placari.
2. Cato[1] iubet agricolam quotannis[2] Marti suem[3] et ovem et taurum immolare.
3. Confirmat tum eum agros, pecora, domos, familias servaturum esse.
4. Non ignoramus agricolas Cereri[4] ante messem[5] porcam[6] immolavisse.
5. Praeterea putabant se Laribus[7] suis coronam[8] debere.
6. Sperabant enim domos suas auxilio eorum omnibus malis vacuas fore.
7. Constat Romanos iram deorum semper timuisse.

1 Zu Cato s. S. 80 unten • 2 *quotannis:* alljährlich • 3 *sus, suis,* m/f: Schwein • 4 *Ceres, ris,* f: Ceres (Göttin des Ackerbaus) • 5 *messis, is,* f: Ernte • 6 *porca, ae,* f: Sau • 7 *Lares, um,* m: Laren (Schutzgötter des Hauses) • 8 *corona, ae,* f: Kranz

Wenn du zwei oder weniger Fehler hast, darfst du das folgende Kapitel überspringen.

Gibt es den Aci auch im Deutschen? Gewiss! Mach es dir an einer ganz alltäglichen Situation klar. Der Fernseher ist eingeschaltet und …

Wir sehen einen Reporter.
Wir sehen, dass ein Reporter auftritt.
Wir sehen einen Reporter auftreten.

Der Halbsatz „Wir sehen" kann im Deutschen in unterschiedlicher Weise ergänzt werden. Mit einem einfachen Akkusativobjekt, mit einem *dass*-Satz oder eben mit Aci.

Beim lateinischen *videre* sind von diesen drei Arten nur zwei möglich:

Nuntium videmus. = Ergänzung mit ① ....

Videmus nuntium referre. = Ergänzung mit ② ....

Nach *sehen* kann also genau wie nach *videre* der Aci stehen.

Aber Achtung! Im Lateinischen ist der Aci viel häufiger als im Deutschen. Es gibt viele lateinische Verben, nach denen der Aci steht, während ihre deutschen Entsprechungen mit dem etwas schwerfälligeren *dass*-Satz vorlieb nehmen müssen:

Putamus nuntium certum prodire.

Eine Übersetzung mit Aci ist hier <u>nicht</u> möglich. Man sagt nicht:
„Wir glauben einen zuverlässigen Reporter auftreten.", sondern nur
„Wir glauben, dass ein zuverlässiger Reporter auftritt."

> Im *dass*-Satz wird – wie du siehst – der Akkusativ des lateinischen Aci zum Nominativ und der Infinitiv zum Prädikat.

Lateinische Verben, die den Aci nach sich ziehen, haben alle mehr oder weniger mit Vorgängen zu tun, die sich im Kopf abspielen, wie z. B. hören oder wissen. Dazu gehören auch die Verben der Mitteilung – nach dem Motto „Erst denken, dann reden (oder schreiben)".

Teile die folgenden Verben, bei denen Aci stehen kann, nach ihrer Bedeutung in die drei Gruppen ein.

Übung

D 5

– Verben der *a*- und *e*-Konjugation:
  respondere, persuadere, sperare, iurare, exspectare, clamare, putare, ignorare, nuntiare, confirmare, videre, censere, cogitare, iubere, vetare
– Verben der *i*- und konsonantischen Konjugation:
  sentire, dicere, scribere, scire, audire, cernere

1. Verben der **Wahrnehmung**	2. Verben des **Denkens und Fühlens**	3. Verben der **Mitteilung**
....	....	....

2.1 Erweiterung des Aci

Der Aci kann auf verschiedene Arten **erweitert** werden. Er kann z. B. ein Objekt, ein Adverb oder einen Präpositionalausdruck bei sich haben. Im Deutschen musst du diese Erweiterungen in den *dass*-Satz einbauen.

Übung D6

Putamus nuntium certum spectatoribus[1] semper sine timore verum nuntiare.

1 *spectator, oris,* m: Zuschauer

a) Nenne folgende Bestandteile dieses Satzes:

1. das **Verb**, von dem der Aci abhängt: ....

   Um welche Art Verb handelt es sich? ....

2. den **Infinitiv** des Aci: ....

3. den **Akkusativ** des Aci: ....

4. die **Ergänzungen** des Aci. Gib hier auch die Art der Ergänzungen an!

   ....: Dativobjekt

   ....: ....

   ....: ....

   ....: ....

b) Übersetze nun den Satz!

....

....

Kannst du noch? Dann behandeln wir jetzt noch einen Spezialfall …

Putamus nuntium spectatores verbis commovere.

① Kreuze die grammatikalisch richtige(n) Übersetzung(en) an!
- ☐ Wir glauben, dass der Reporter die Zuschauer mit (seinen) Worten bewegt.
- ☐ Wir glauben, dass die Zuschauer den Reporter mit (ihren) Worten bewegen.

② Welche der beiden Übersetzungen ist die sinnvollere?

Liegen zwei Akkusativobjekte vor, musst du also bei der Übersetzung genau aufpassen: Im deutschen *dass*-Satz kann nur eines der beiden Akkusativobjekte zum Subjekt werden.

Der vorliegende Satz z. B. ist nur dann wirklich sinnvoll, wenn man *nuntium* als logisches Subjekt des Aci auffasst und *spectatores* als Akkusativobjekt:
Wir glauben, dass (wer?) der Reporter (wen?) die Zuschauer mit (seinen) Worten bewegt.

Der Großvater von Fabius, den du schon im Kapitel zum Konjunktiv kennen gelernt hast, hält sich längere Zeit in Rom auf. Als ehemaliger Beamter hat er dort immer wieder in politischen Angelegenheiten zu tun. Unterdessen hat er sein Landgut dem Verwalter *(vilicus, -i, m)* Secundus anvertraut. Als der Großvater – ohne Ankündigung – auf dem Gut eintrifft, macht er seltsame Beobachtungen:

Übersetze!

1. Avus videt neminem in agris laborare.
2. Avus videt porcos[1] aditum villae obsidere.
3. Avus videt boves pabulo[2] egere.
4. Avus videt servos cum liberis sub arboribus sedere.

1 *porcus, i,* m: Schwein • 2 *pabulum, i,* n: Futter

Übung

D 7

Übung

D 8

Bei den folgenden Sätzen musst du daran denken, dass sich das Prädikatsnomen in Kasus, Numerus und Genus immer nach seinem Bezugswort richtet (**Kongruenz**).

Ergänze die Ausgänge und übersetze!

1. Avus videt cellas[1] vacu_____ esse.

2. Avus videt equos aegr_____ esse.

1 *cella, ae,* f: Speisekammer

2.2 Zeitverhältnis beim Aci

Und noch eine weitere Beobachtung macht der Großvater:
Videt servos vinum potare.
Er sieht, dass die Sklaven Wein trinken.

Der Großvater beobachtet die Sklaven, während sie Wein trinken. Beobachteter Vorgang und Wahrnehmung finden also **zur gleichen Zeit** statt. In diesem Fall steht – wie du siehst – Infinitiv **Präsens**: *potare*. Du kennst den Fachbegriff für dieses Zeitverhältnis wahrscheinlich schon:

Es ist die ① ....

Merke

> Es ist dabei gleichgültig, ob das übergeordnete Verb (im obigen Satz *videt*) im Präsens, in einem Vergangenheitstempus oder im Futur steht: Im Lateinischen wird bei **Gleichzeitigkeit** immer der Infinitiv **Präsens** verwendet. Und auch im deutschen *dass*-Satz verwendest du am besten immer Präsens!

Übung

D 9

Übersetze!

1. Tum avus vidit servos vinum potare.

....

....

2. Mox avus videbit servos vinum potare.

....

....

Anders im folgenden Satz:
Avus videt portam horrei deletam esse.
Der Großvater sieht, dass das Tor der Scheune zerstört worden ist.

Hier hat sich der Vorgang im Aci, nämlich die Zerstörung des Scheunentores, bereits zugetragen, **bevor** der Großvater dazukam. In diesem Fall verwendet man den Infinitiv **Perfekt**. Das Zeitverhältnis ist die ① ....

> **Merke**
>
> Auch wenn das übergeordnete Verb *(videt)* im Futur oder in einem Vergangenheitstempus steht, verwendest du zum Ausdruck der Vorzeitigkeit den Infinitiv Perfekt.
> Auch im Deutschen kannst du die Vorzeitigkeit immer mit dem Perfekt wiedergeben.

Übersetze!

Übung D 10

1. Avus vidit portam horrei deletam esse.

....

....

2. Avus videbit portam horrei deletam esse.

....

....

Und der dritte Fall:
Avus exspectat servos laboraturos esse.
Der Großvater erwartet, dass die Sklaven arbeiten werden.

Schließlich kann es sein, dass ein Ereignis erst noch eintreten wird, sich etwas erst **in der Zukunft**, also „nachher" ereignen wird. Man spricht dann vom Zeitverhältnis der ② .... und verwendet den Infinitiv **Futur**. Er kommt oft vor nach Verben wie erwarten *(exspectare)*, hoffen *(sperare)* und schwören *(iurare)*.
Im deutschen *dass*-Satz steht in der Regel Futur I.

Übersetze!

Übung D 11

1. Avus exspectaverat servos laboraturos esse.

....

....

2. Avus exspectabit servos laboraturos esse.

....

....

Übung

D 12

Suche aus folgenden Verben das jeweils passende heraus und setze den Infinitiv in der passenden Zeit ein! Eine (2) am Ende des Satzes bedeutet, dass du dich zwischen zwei sinnvollen Zeiten entscheiden kannst.
(Beachte, dass die zum Infinitiv des Aci gehörenden Partizipialformen mit ihrem Bezugswort kongruieren!)

vitare, esse, visitare[1]*, admonere, vituperare, examinare*[2]

1. Secundus non exspectaverat avum eo die villam ....

....

2. Secundus sperat avum non totam villam ....

....

3. Avus vidit labores a Secundo .... (2).

4. Avus doluit neminem Secundum ....

5. Avus putat Secundum pigrum .... (2).

6. Servi gaudent Secundum ab avo ....

.... (2).

1 *visitare:* besuchen • 2 *examinare:* untersuchen

2.3 Pronomen im Aci

Auch mehrere Pferde mussten notgeschlachtet werden, denn Secundus hat einen wichtigen Grundsatz nicht beachtet:
„Ein zuverlässiger Verwalter teilt dem Gutsherrn mit, dass er kranke Pferde erworben hat."

Kannst du klären, **wer** da die Pferde erworben hat?
Wohl nicht, denn das **Personalpronomen** „er" kann sich

1. auf den ① .... ,

2. auf den ② ....
beziehen.

Das Lateinische hingegen ist eindeutig:

1. *Vilicus fidus domino nuntiat se equos aegros comparavisse.*
Das **Reflexivpronomen** *se* kann sich
hier ③ (Kreuze an!)
☐ nur auf den *dominus* beziehen.
☐ nur auf den *vilicus* beziehen.

1. *Se* kann für eine oder mehrere Personen stehen, je nachdem, ob das Subjekt des übergeordneten Satzes im Singular oder Plural steht.
2. Auf ein **Besitzverhältnis** zum übergeordneten Subjekt verweist ④ (Kreuze an!)
   - ☐ *eius* bzw. *eorum/earum* (Demonstrativpronomen)
   - ☐ *suus, -a, -um* (Possessivpronomen)

Übersetze!

Übung D 13

1. Vilici fidi domino nuntiant se equos aegros comparavisse.

....

....

....

2. Vilicus fidus non ignorat se villam domini ut villam suam curare debere.

....

....

....

Ersetzen wir nun in unserem Beispiel-satz das Reflexivpronomen *se* durch das **Demonstrativpronomen** *eum*:
Vilicus fidus domino nuntiat eum equos aegros comparavisse.

Jetzt kann nur der ① .... die kranken Pferde erworben haben.

1. Wenn auf eine Frau verwiesen werden soll, muss man natürlich statt *eum* die feminine Form ② .... verwenden. Handelt es sich um mehrere Personen, den Plural ③ .... (m. pl.) oder ④ .... (f. pl.).

2. Auch Genitiv, Dativ und Ablativ des Pronomens *is, ea, id* können im Singular und Plural im Aci auftauchen. Diese Formen beziehen sich <u>niemals</u> auf das Subjekt des übergeordneten Satzes!

Übung

D 14

a) Nenne die Person *(Secundus* oder *avus)*, auf die sich die blau gedruckten Pronomen jeweils beziehen und übersetze!

1. Secundus avo persuadere temptat se numquam pigrum fuisse.
2. Secundus avo persuadere temptat se operibus suis semper studuisse.
3. Tamen avus Secundo crimini dat¹ eum pigrum² fuisse.
4. Tamen avus Secundo crimini dat pecus ab eo male tractatum esse.
5. Tamen avus Secundo crimini dat villam ei curae non fuisse.
6. Avus confirmat se operibus eius contentum non esse.

1 *crimini dare:* zum Vorwurf machen • 2 *piger, gra, grum:* faul

b) Knifflig: Wie müssen die obigen Sätze lateinisch lauten, wenn der Großvater nicht mit Secundus, sondern mit den Sklaven unzufrieden ist? Ergänze:

1. <u>Servi</u> avo persuadere <u>temptant</u> …
2. <u>Servi</u> avo persuadere <u>temptant</u> …
3. Tamen avus <u>servis</u> crimini dat …
4. Tamen avus <u>servis</u> crimini dat …
5. Tamen avus <u>servis</u> crimini dat …
6. Avus confirmat …

Zuletzt noch ein Problem zum Thema Pronomen im Aci, das bisher übergangen wurde. Es verlangt deine volle Konzentrationsfähigkeit …

Gleich ein Beispiel:
Secundus avo explicat se culpae sibi conscium non esse.
Secundus erklärt dem Großvater, dass er sich einer Schuld nicht bewusst ist.

In dem lateinischen Satz erscheint das Reflexivpronomen in zwei verschiedenen Fällen.

Se bezieht sich als Akkusativ des Reflexivpronomens immer auf das **Subjekt des übergeordneten Satzes**. Es greift im obigen Satz also *Secundus* wieder auf. Aufpassen musst du mit den anderen Formen des Reflexivpronomens, nämlich mit *sui* (Genitiv), *sibi* (Dativ) und *(a) se* (Ablativ).
Wenn sie im Aci auftauchen, beziehen sie sich
entweder
1. zurück auf das **Subjekt des übergeordneten Satzes** (hier: *Secundus*)
oder
2. zurück auf den **Akkusativ des Aci** (hier: *se*).

Die Pfeile deuten diese beiden Bezugsmöglichkeiten an:
Secundus … explicat se … sibi conscium non esse.

Auf welche beiden Personen kann sich *sibi* im folgenden Satz beziehen? (Gib beide Möglichkeiten wie oben durch gestrichelte Pfeile an!)

Übung D 15

Avus confirmat Secundum explicationem neglegentiae sibi debere.

Der Satz ist freilich nur sinnvoll, wenn der Großvater als Sprecher mit *sibi* sich selber (und nicht Secundus) meint.
Die deutsche Übersetzung kann daher nicht sein:

„Der Großvater bekräftigt, dass Secundus *sich* eine Erklärung für seine Nachlässigkeit schuldet", sondern nur

„Der Großvater bekräftigt, dass Secundus ① .... eine Erklärung für seine Nachlässigkeit schuldet".

Merke

Auch für das **Possessivpronomen** *suus, sua, suum* gilt: Es kann sich nicht nur – wie oben besprochen – auf das Subjekt des übergeordneten Satzes beziehen, sondern auch auf den Akkusativ des Aci!

Nenne das Bezugswort zu den unterstrichenen Pronomen und übersetze!

Übung D 16

1. Avus exspectat Secundum <u>sibi</u> causas neglegentiae <u>suae</u> explicaturum esse.
2. Avus enim putat <u>eum</u> officiis <u>suis</u> defuisse.
3. Avus Secundo crimini dat <u>eum</u> maluisse[1] ventrem[2] <u>suum</u> cibo et vino implere quam pro domino laborare.
4. Secundus confirmat servos saepe iussis <u>suis</u> aegre[3] paruisse.
5. Secundus confirmat <u>eos</u> non solum ignavia <u>sua</u>, sed etiam tempestatibus laboribus prohibitos esse.
6. Secundus avo explicat[4] <u>se</u> servos <u>eius</u> semper ad laborem incitavisse.
7. Secundus confirmat <u>se</u> auxilio <u>eorum</u> plurimum frumenti in horreum portavisse.
8. Secundus avo explicat <u>se</u> semper Laribus <u>eius</u> immolavisse.
9. Secundus confirmat avum iniuriae <u>suae</u> <u>sibi</u> conscium non esse.
10. Tandem Secundus avo explicat <u>se</u> fiducia[5] <u>eius</u> dignum esse.

1 *maluisse*: Inf. Perf. von *malle* (lieber wollen) • 2 *venter, tris* m: Bauch • 3 *aegre* (Adv.): unwillig • 4 *explicare*: erklären • 5 *fiducia, ae,* f: Vertrauen

2.4 Der Aci als Subjekt

Zum Schluss ein leichteres und kurzes Kapitel.

Was für Satzteile vertritt eigentlich der Aci?

Videmus <u>nuntium prodire</u>.
Hier vertritt der Aci ① (Kreuze an!)
☐ das Subjekt.
☐ das Akkusativobjekt.

Necesse est <u>vilicum domino parere</u>.
In diesem Beispiel vertritt der Aci ② (Kreuze an!)
☐ das Subjekt.
☐ das Akkusativobjekt.

Der Aci kann also sowohl das ③ .... als auch das

④ .... vertreten.

Der Aci als Subjekt taucht bei *necesse est*, aber auch bei anderen unpersönlichen Verben auf wie *oportet* (= ⑤ ....), *praestat*

(= ⑥ ....) oder *constat* (= ⑦ ....).

Der Großvater will Secundus noch eine Chance geben. Allerdings stellt er die Bedingung, dass sich Secundus in den einschlägigen landwirtschaftlichen Lehrbüchern über die Pflichten eines Verwalters informiert und sich das dort Geschriebene zu Herzen nimmt. Secundus sucht also in der Handbibliothek des Großvaters die Schriften der Römer Cato (234–149 v. Chr.) und Columella (ein Zeitgenosse des Philosophen Seneca, der seinerseits von ca. 4 v. Chr. bis 65 n. Chr. gelebt hat) heraus und liest:

Übung

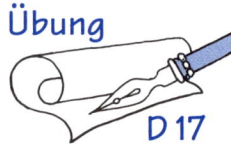

D 17

Übersetze!

1. Oportet vilicum nec senem nec adulescentem esse.
2. Oportet eum et servos docere et ipsum laborum omnium peritum esse.
3. Praestat eum magistrum servorum quam discipulum eorum esse.
4. Necesse est eum cibos et vestes familiae dare.
5. Necesse est et omnia necessaria ab eo comparari et omnia superflua[1] ab eo vendi[2].
6. Praestat eum servum veterem aut morbosum[3] vendere quam retinere.
7. Constat deos fruges et pecora augere posse.
8. Itaque oportet vilicum iussu domini deis immolare.

1 *superfluus, a, um:* überflüssig • 2 *vendere, vendo:* verkaufen • 3 *morbosus, a, um:* krank

Das Participium coniunctum
oder: Ein erfrischendes Bad

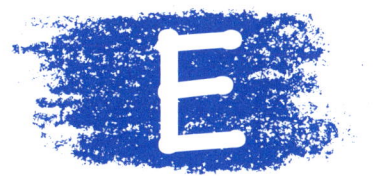

Welches der drei lateinischen Partizipien liegt jeweils vor? Übersetze!

exspectantes

temptatus

nocituris

Ordne die lateinischen Sätze den grammatikalischen Begriffen zu, indem du den Buchstaben mit der passenden Zahl kombinierst (z. B. f6), und übersetze!

a) Puellula[1] gaudens thermas[2] intrat.

b) Natare[3] ignorans thermas libenter visitat.

c) In frigidarium[4] properat se in aquam praecipitura.

d) A balneatore[5] retenta clamat.

e) Natantes capita ad puellulam versant[6].

1. Adverbiales Partizip (kausale Sinnrichtung)
2. Adverbiales Partizip (finale Sinnrichtung)
3. Substantiviertes Partizip
4. Adverbiales Partizip (konzessive Sinnrichtung)
5. Attributives Partizip

1 *puellula, ae,* f: kleines Mädchen • 2 *thermae, arum,* f: Thermen • 3 *natare:* schwimmen • 4 *frigidarium, i,* n: Frigidarium (Kaltbad) • 5 *balneator, oris,* m: Bademeister • 6 *versare:* (um)drehen

Wenn du gar keinen oder nur einen Fehler hast, darfst du das folgende Kapitel überspringen und auf S. 95 weitermachen!

1. Formenbildung

Bestimmt kennst du moderne Hallenbäder mit all ihrem Drum und Dran: Umkleideräume, Schwimmbecken – auch im Freien – Sauna, Solarium, Restaurant und anderes mehr. Diese Freizeitzentren für alle sind aber keine Erfindung unserer Zeit. Aufwendige Badeanlagen gab es schon im Römischen Reich, vor allem in der Hauptstadt Rom, aber auch in den Provinzen, wie z. B. in Trier, der einstigen Residenzstadt römischer Kaiser.

Im folgenden Kapitel wollen wir einen Ausflug in eine römische Bade- oder Thermenanlage unternehmen. Einiges wird dir neu sein, bei anderen Dingen wirst du denken: Genauso ist es bei uns!

Zuerst aber wiederholen wir die Formenbildung des Partizips.

Im Lateinischen gibt es drei Formen des Partizips:
Partizip **Präsens Aktiv (PPA)**: *lauda-ns, -ntis:* lobend
Partizip **Perfekt Passiv (PPP)**: *laudat-us, -a, -um:* gelobt
Partizip **Futur Aktiv**: *laudat-urus, -ura, -urum:* „loben werdend"

Für jede Zeitstufe (Gegenwart, Vergangenheit, Zukunft) gibt es also eine Partizipform entweder im Aktiv oder im Passiv. Und zwar: für Gegenwart und

Zukunft im ① ...., nur für die Vergangenheit im

② ....

Die Partizipien werden wie Adjektive dekliniert, und zwar

1. das **PPP** und das **Part. Fut. Akt.** wie Adjektive der ③............-Deklination,
2. das **PPA** wie ein einendiges Adjektiv der Mischklasse (s. S. 9).
Der Ablativ Singular endet aber normalerweise nicht auf *-i*, sondern auf
④ .... wie bei den meisten Substantiven der Mischklasse.

Zurück zu unserem Thema: Wir stehen in Rom vor den Thermen des Kaisers Caracalla, in denen im Jahr 216 n. Chr. der Badebetrieb aufgenommen wurde. Caracallas Vorgänger hatte bereits zehn Jahre zuvor mit dem Bau begonnen. So entstanden die zweitgrößten Thermenanlagen in Rom. Übrigens: Der Begriff „Thermen" kommt von dem griechischen Adjektiv *thermós* = warm.

Wir wollen nun beobachten, was dort an einem der Eingänge vor sich geht.

(Die folgenden Beispielsätze brauchst du zunächst nicht zu übersetzen. Wir kommen immer wieder auf sie zurück!)

Übung  E 1

1. Puellae ridentes ad thermas conveniunt.
2. Infans perterritus flet.
3. Pueri nataturi[1] amicos exspectant.
4. Manus iuvenum disputantium feminis intrantibus obstat.
5. Magister discipulos exspectatos salutat.
6. Pater filiam avolaturam[2] retinet.
7. Senex urgentes cavet.

1 *natare:* schwimmen • 2 *avolare:* weglaufen

a) Unterstreiche in den Beispielsätzen zunächst alle Partizipien!

b) Schreibe sie geordnet nach Zeitstufen heraus.

PPA	PPP	Part. Fut. Akt.
....	....	....
....	....	....
....		
....		

> Das Partizip gehört – wie ein Adjektiv – in der Regel zu einem Substantiv als seinem **Bezugswort**.
>
> Die Partizipien richten sich – genau wie Adjektive – in Kasus, Numerus und Genus nach ihrem Bezugswort (**Kongruenz**).

2. Attributives Partizip

Erstens kann das Partizip – wie ein Adjektiv – als Attribut verwendet werden. Es gibt dann eine Antwort auf die Frage „Was für ein(e) …? / Was für …?" Mach dir das z. B. an *infans perterritus* in Beispielsatz 2 klar. Du fragst: „Was für ein Kind?" Antwort: „ein erschrecktes Kind" oder „ein Kind, das erschreckt worden ist".

Es gibt also zwei Möglichkeiten, das attributive Partizip zu übersetzen: Du kannst es mit der entsprechenden deutschen Partizipform übersetzen oder mit einem **Relativsatz**.

Anhand des ersten und des dritten Beispielsatzes wollen wir uns auch noch die Übersetzung des attributiven PPA und Part. Fut. Akt. klarmachen:

Beispielsatz 1:

Puellae ridentes

Du fragst nach dem Partizip: „..."

Übersetzung: „... Mädchen" oder „Mädchen,

....".

Beispielsatz 3:

Pueri nataturi

Du fragst: „..."

Übersetzung (hier ist nur der Relativsatz möglich): „Jungen,

⑤ ....".

Für das Part. Fut. Akt. gibt es keine deutsche Entsprechung, die nur aus einem Wort besteht. Als Hilfsübersetzung kann dienen: „schwimmen werdende Jungen". Da dies aber kein gutes Deutsch ist, verwendest du in der endgültigen Übersetzung stattdessen den **Relativsatz**: „Jungen, die schwimmen werden".

Übung

E 2

Schreibe aus den Beispielsätzen 4 bis 6 die Partizipien mit ihren Bezugswörtern heraus und übersetze, und zwar erstens – soweit möglich – mithilfe einer deutschen Partizipform und dann noch mit Relativsatz!

Achtung: Für ein Partizip, nämlich *urgentes* in Satz 7, findest du kein Bezugswort. *urgentes* wird selbstständig gebraucht, wie ein Substantiv, also **substantiviert**. Auch im Deutschen können Partizipien substantiviert werden: *urgentes* = „die Drängenden".

Manchmal kannst du noch eine freiere deutsche Übersetzung finden. *urgentes* lässt sich etwa auch mit „die Drängler" wiedergeben.

3. Zeitverhältnis beim Partizip

Bezogen auf das Prädikat des Satzes, in dem es steht, drückt jedes der drei Partizipien ein bestimmtes **Zeitverhältnis** aus: **Vorzeitigkeit**, **Gleichzeitigkeit** oder **Nachzeitigkeit**. Aber welches Partizip drückt welches Zeitverhältnis aus? Das wollen wir anhand der Beispielsätze 1 bis 3 herausfinden.

1. *Mädchen, die lachen, kommen bei den Thermen zusammen.*

Die Mädchen kommen zusammen und **zugleich** lachen sie: Das **PPA** drückt

also das Zeitverhältnis der ① .... aus.

2. *Ein Kind, das erschreckt worden ist, weint.*

Das durch das Partizip ausgedrückte Ereignis, nämlich das Erschrecken, liegt hier zeitlich **vor** dem durch das Prädikat ausgedrückten Ereignis, nämlich dem Weinen: Das **PPP** drückt also das Zeitverhältnis der

② .... aus.

3. *Jungen, die schwimmen werden, erwarten (ihre) Freunde.*

Hier liegt der durch das Partizip ausgedrückte Vorgang, nämlich das Schwimmen, zeitlich **nach** dem durch das Prädikat ausgedrückten Zustand, nämlich dem Warten: Das **Part. Fut. Akt.** drückt also das Zeitverhältnis der

③ .... aus.

> **Merke**
>
> Das Partizip Futur Aktiv drückt grundsätzlich die Nachzeitigkeit aus, zugleich aber auch eine Absicht. Eine Absicht kannst du z. B. mit dem Modalverb „wollen" zum Ausdruck bringen.
>
> Satz 3 darfst du also auch wie folgt übersetzen (und diese Übersetzung ist hier besser):
> Jungen, die schwimmen wollen, erwarten (ihre) Freunde.

Vielleicht hast du auch die Übersetzung „im Begriff sein" schon mal gehört? Man verwendet sie, um darauf hinzuweisen, dass die Ausführung einer Absicht unmittelbar bevorsteht:

Vir intraturus cunctat.
Ein Mann, der im Begriff ist einzutreten (also gerade eintreten will), zögert.

Die Beispielsätze 4 bis 7 kannst du nun selbst übersetzen. Verwende für die Partizipien – soweit möglich – Relativsätze! Achte besonders auf das Zeitverhältnis zwischen Partizip und Prädikat!

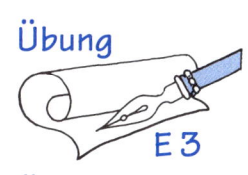

Übung

E 3

Im Folgenden sind zunächst die ersten drei Beispielsätze in die Vergangenheit (das Perfekt) gesetzt worden. Versuche sie zu übersetzen, indem du die Partizipien in Relativsätze auflöst. Gib das lateinische Perfekt im Deutschen mit Imperfekt wieder. Beachte, dass sich nun auch das Tempus in den Relativsätzen verändert.

Übung

E 4

a)
1. Puellae <u>ridentes</u> ad thermas convenerunt.

....

....

2. Infans <u>perterritus</u> flevit.

....

....

3. Pueri <u>nataturi</u> amicos exspectaverunt.

....

....

b)
Dadurch dass die Sätze insgesamt ins Perfekt gesetzt worden sind, hat sich das Tempus in den Relativsätzen folgendermaßen verändert:

– Das **PPA** wird <u>nicht mehr</u> durch das ....Präsens........ wiedergegeben, sondern durch das ....

– Das **PPP** wird <u>nicht mehr</u> durch das .... wiedergegeben, sondern durch das ....

– Das **Part. Fut. Akt.** wird <u>nicht mehr</u> mit „wollen" im .... , sondern im .... wiedergegeben.

Übung

E 5

Übersetze nun noch die ins Perfekt transponierten Beispielsätze 4 bis 6.

4. Manus iuvenum disputantium feminis intrantibus obstitit.
5. Magister discipulos exspectatos salutavit.
6. Pater filiam avolaturam retinuit.

4. Erweiterung des Partizips

Das Partizip ist eine von einem Verb abgeleitete Form. Als **Verbalform** kann es Substantive im Genitiv, Dativ, Akkusativ oder Ablativ bei sich haben und auch durch Partikel und Adverbien näher bestimmt werden. Auch adverbiale Bestimmungen in Form von Präpositionalausdrücken können zum Partizip hinzutreten.

Damit klar ist, dass diese Erweiterungen zum Partizip gehören, werden sie in der Regel **zwischen** Bezugswort und Partizip gestellt. Man spricht von einer geschlossenen Wortstellung. Was im Lateinischen in der geschlossenen Wortstellung, also zwischen Bezugswort und Partizip steht, rutscht im Deutschen in den **Relativsatz**.

In den folgenden drei lateinischen Sätzen findest du erweiterte Partizipien.

a) Unterstreiche die Erweiterungen, die in der geschlossenen Wortstellung stehen!

b) Stelle fest, womit das Partizip erweitert wurde!

c) Übersetze die Sätze!

1.

a) Infans tumultu perterritus flet.

b) Erweiterung durch ....

c) ....

....

2.

a) Magister discipulos iam diu exspectatos salutat.

b) Erweiterung durch ....

c) ....

....

3.

a) Manus iuvenum de rebus novissimis disputantium feminis thermas intrantibus obstat.

b) Erweiterung durch (1) .... und

(2) ....

c) ....

....

Begleiten wir nun die Jungen- und die Mädchengruppe, die wir in den Beispielsätzen 1 und 3 schon kennen gelernt haben, in die Thermen. Der Eintritt ist übrigens kostenlos! Der Kaiser übernimmt derzeit wieder einmal großzügig die Kosten für den Badebetrieb. Die Mädchen suchen sofort den Umkleideraum *(apodyterium)* auf. Die Jungen treiben sich zunächst in Nebengebäuden der Thermen und den Parkanlagen herum. Langweilig wird es ihnen dabei nicht. Dazu gibt es viel zu viel zu beobachten …

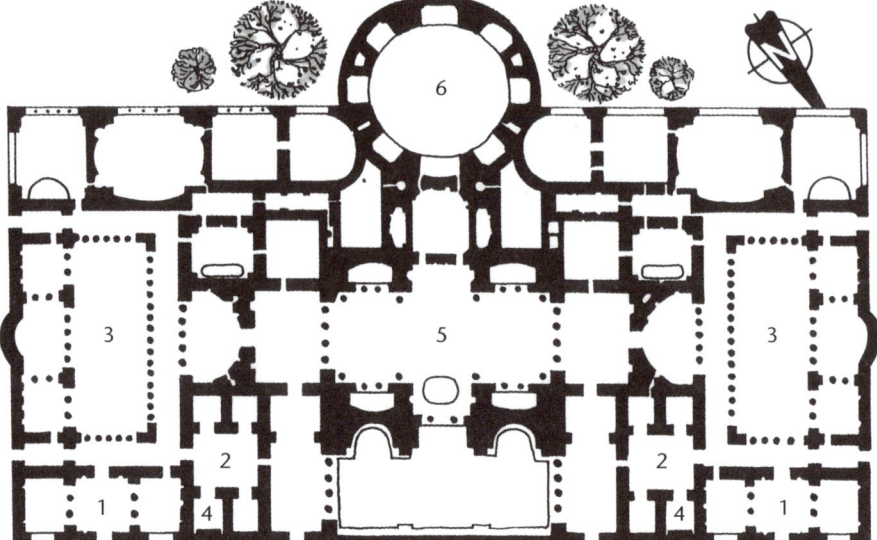

1 Eingang • 2 *apodyterium, i,* n: Umkleideraum • 3 *gymnasium, i,* n: Sporthalle • 4 Treppe zur Dachterrasse • 5 *frigidarium, i,* n: Kaltbad • 6 *caldarium, i,* n: Warmbad

Übung

E 7

a) Unterstreiche im folgenden Text alles, was zur geschlossenen Wortstellung gehört, also nicht nur die Erweiterungen, sondern auch die diese umschließenden Partizipien mit ihren Bezugswörtern!

b) Übersetze, indem du die Partizipien – soweit möglich – mit Relativsätzen auflöst! (Achte dabei auf das Zeitverhältnis des Partizips, also auf die richtige Zeit im Relativsatz!)

1. Pueri in bibliotheca (!) sedentes viro carmen recitanti[1] aures praebent[2].
2. Mercator aliquot ornamentis[3] privatus magno clamore testes[4] advocat.
3. Mercatores potiones[5] et crusta[6] vendituri[7] praetereuntes conclamant.
4. Odor[8] ciborum in popinis[9] paratorum pueros fame laborantes vexat.
5. Magister ab adulescentibus ante stadium[10] stantibus exspectatur.
6. In museo(!) viri de statuis artificum[11] Graecorum disputantes ambulant.

1 *recitare:* vortragen • 2 *aures praebere:* zuhören • 3 *ornamentum, i,* n: Schmuckstück • 4 *testis, is, m*/f: Zeuge, Zeugin • 5 *potio, onis,* f: Getränk • 6 *crustum, i,* n: Backwerk • 7 *vendere, vendo:* verkaufen • 8 *odor, oris,* m: Geruch • 9 *popina, ae,* f: Garküche • 10 *stadium, i,* n: Stadion • 11 *artifex, icis,* m: Künstler

E 5. Adverbiales Partizip

5.1 PPA und PPP mit temporaler Sinnrichtung

Die Mädchen sind inzwischen aus dem Thermenhauptgebäude herausgekommen. Was haben sie erlebt? Drehen wir die Uhr zurück und begleiten wir auch sie!

Puellae thermas intrantes a custode salutantur.

Lassen wir das Partizip mit seiner Erweiterung zunächst beiseite, so lautet die Übersetzung:

Die Mädchen werden von einem Wärter begrüßt.

Und nun zum Partizip:
Bisher haben wir das Partizip immer als nähere Bestimmung seines Bezugs-

worts, also als ① .... Partizip aufgefasst. Würden wir auch das Partizip im obigen Beispielsatz so verstehen, dann müssten wir

nach dem Partizip fragen: „② ...." (Übersetzung:

„Mädchen, ③ ....").

Viel näher liegt bei unserem Beispiel aber eine andere Auffassung: Wir fragen nicht „Was für Mädchen?" (Wir kennen die Mädchen ja schon!), sondern „Wann werden die Mädchen begrüßt?"

Das Partizip liefert also eine **nähere Bestimmung** zum Vorgang des Prädikats, hier also der Begrüßung.
Ein Satzteil mit einer solchen Funktion heißt <u>nicht</u> Attribut, sondern

④ ....
Man nennt ein Partizip, das in dieser Weise verwendet wird, adverbiales Partizip.
Die adverbialen Partizipien lassen sich noch weiter unterscheiden, man spricht davon, dass sie sich bestimmten **Sinnrichtungen** zuordnen lassen. Liefert das Partizip z. B. eine Zeitangabe, so spricht man von einer temporalen **Sinnrichtung**. (Den Begriff „temporal" kannst du dir von *tempus*

= ⑤ .... ableiten.)

Übersetzt wird das adverbiale Partizip nicht mit einem Relativsatz, sondern mit einem so genannten **adverbialen Nebensatz**, der mit verschiedenen **Konjunktionen** eingeleitet werden kann.

Auf die Frage „wann?" antwortet ein so genannter temporaler **Nebensatz**. Er wird eingeleitet mit *als*, *nachdem* und *während*.

> Die Konjunktion *nachdem* eignet sich nur für die Übersetzung des PPP, die Konjunktion *während* nur für die Übersetzung des PPA!

Merke

Vorsicht aber im Deutschen bei den Zeiten nach dem Wörtchen *nachdem!*

Steht im Hauptsatz **Präsens**, musst du im Nebensatz ⑥ .... verwenden.
Steht im Hauptsatz **Perfekt**, musst du im Nebensatz ⑦ .... verwenden.

Übung E 8

Nun aber zur Praxis: Übersetze. Löse die Partizipien mit temporalen Nebensätzen auf!

1. Puellae thermas intrantes a custode[1] salutantur.

   ....

   ....

2. Puellae a custode salutatae apodyterium intrant.

   ....

   ....

3. Puellae res novas narrantes apodyterium intrant.

   ....

   ....

1 *custos, odis,* m: Wärter

Übung E 9

Setzen wir die obigen Sätze in die **Vergangenheit**: Im Lateinischen bleiben die Partizipien unverändert, in der deutschen Übersetzung ändern sich hingegen die Zeiten in Neben- und Hauptsatz.
Übersetze!

1. Puellae thermas intrantes a custode salutatae sunt.

   ....

   ....

2. Puellae a custode salutatae apodyterium intraverunt.

   ....

   ....

3. Puellae res novas narrantes apodyterium intraverunt.

   ....

   ....

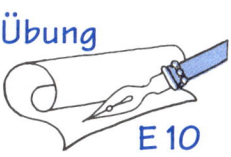
a) Übersetze, indem du wiederum die Partizipien mit temporalen Nebensätzen auflöst. (Vorsicht: Die geschlossene Wortstellung wird allmählich umfangreicher!)

b) Setze die Sätze ins **Perfekt** und übersetze!

1. Puellae magna voce disputantes vestes et calceos[1] dissipant[2].
2. Puellae a ceteris feminis propter tumultum vituperatae tacent.

1 *calceus, i*, m: Schuh • *dissipare:* verstreuen

Übrigens: Kannst du dir vorstellen, dass man damals wahrscheinlich schon Bikinis getragen hat? Die „Bikinimädchen" auf einem Mosaik in der antiken Villa von Piazza Armerina auf Sizilien zeigen es.

5.2 Partizip Futur Aktiv mit finaler Sinnrichtung

Du weißt schon, dass das **attributive** Part. Fut. Akt. oft eine **Absicht** zum Ausdruck bringt (s. S. 85). Das **adverbiale** Part. Fut. Akt. bringt sogar immer eine **Absicht** oder einen **Zweck** zum Ausdruck, es hat eine finale **Sinnrichtung**

(*finis* = ① ....). Es antwortet auf die Frage „② ....?"
Der finale Nebensatz wird mit *damit* eingeleitet. Besser aber, du ersetzt den finalen Nebensatz durch eine „um … zu"-Konstruktion.

Übersetze mit „um … zu"-Konstruktionen!

1. Aliae puellae gymnasium[1] aditurae ex apodyterio exeunt.

....

....

2. Aliae puellae in tecto apricaturae[2] ex apodyterio exeunt.

....

....

1 *gymnasium, i*, n: Sporthalle • 2 *apricari:* sich sonnen

5.3 PPA und PPP mit kausaler, modaler und konzessiver Sinnrichtung

Neben der temporalen und der finalen Sinnrichtung solltest du noch drei weitere Sinnrichtungen kennen.

Die kausale Sinnrichtung

Von einer so genannten kausalen **Sinnrichtung** sprechen wir, wenn das Partizip den **Grund** einer Handlung angibt. Die Frage nach dem Partizip lautet

„① ....?". Der kausale Nebensatz wird im Deutschen eingeleitet

durch die Konjunktionen ② .... und ③ ....

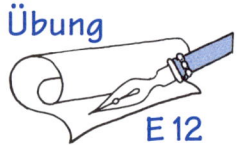

Übung

E 12

Übersetze, indem du die Partizipien mit kausalen Nebensätzen auflöst! (Achte dabei auf das Zeitverhältnis, also besonders auf die richtige Zeit im Nebensatz!)

1. Puellae aut lusu[1] aut sole fatigatae sellas[2] marmoreas[3] occupant.
2. Puellae siti laborantes aquam potant.
3. Serva puellis sudantibus[4] lintea[5] dat.

1 *lusus, us,* m: Spiel • 2 *sella, ae,* f: Stuhl • 3 *marmoreus, a, um:* marmorn • 4 *sudare:* schwitzen • 5 *linteum, i,* n: Tuch

Die modale Sinnrichtung

Den Ausdruck modale **Sinnrichtung** kannst du dir mit dem lateinischen

Wort *modus* (= ① ....) erklären. Das Partizip gibt an, **wie** oder **unter welchen Umständen** etwas getan wird.

Die deutschen Konjunktionen, die einen modalen Nebensatz einleiten, sind *indem* und *wobei*. Beim verneinten Partizip steht stattdessen eine „ohne ... zu"-Konstruktion.

Übung

E 13

Übersetze, indem du die Partizipien mit modalen Nebensätzen oder entsprechenden Konstruktionen mit „ohne ... zu" auflöst!

1. Puellae in frigidario natantes[1] se recreaverunt[2].
2. Puellae praecepta[3] balneatoris[4] non observantes in aquam se praecipitaverunt.
3. Puellae a balneatore non captatae avolaverunt[5].

1 *natare:* schwimmen • 2 *se recreare:* sich erholen • 3 *praeceptum, i,* n: Vorschrift • 4 *balneator, ris,* m: Bademeister • 5 *avolare:* weglaufen

Die konzessive Sinnrichtung

Die letzte Sinnrichtung, die wir besprechen, wird nach dem lateinischen Verbum *concedere* (= zugestehen) konzessive **Sinnrichtung** genannt. Der deutsche Nebensatz wird mit der Konjunktion *obwohl* eingeleitet.

Übersetze!

1. Puellae balneatorem severum timentes nondum ex thermis exierunt.
2. Puellae tumultu iam fatigatae caldarium[1] adierunt.
3. Puellae aqua valde delectatae tandem e thermis libenter exeunt.

1 *caldarium, i,* n: Caldarium (Warmbad)

Übung E 14

Verschaffe dir nun einen Überblick über die deutschen Konjunktionen für die bisher behandelten adverbialen Nebensätze!

Übung E 15

Sinnrichtung des Partizips	den deutschen Nebensatz einleitende Konjunktionen	
temporal	....	bei PPA, auch PPP
	....	bei PPA
	....	bei PPP
kausal	....	
modal	....	
	....	
	...........................-Konstruktion	bei Verneinung
konzessiv	....	

6. Beiordnende Übersetzung

Zum Abschluss des Kapitels über das Partizip kommen wir zu einer zweiten Übersetzungsmöglichkeit für das adverbiale Partizip. Sie klingt oft eleganter als ein adverbialer Nebensatz: die Beiordnung.

Puellae a custode salutatae apodyterium intrant.

– Übersetzung mit **adverbialem Nebensatz**:
   Nachdem die Mädchen vom Wärter begrüßt worden sind, betreten sie den Umkleideraum.

– Übersetzung mit **Beiordnung**:
   Die Mädchen werden vom Wärter begrüßt und betreten daraufhin den Umkleideraum.

Da ändert sich nichts am Inhalt und die Übersetzung ist genauso richtig!

Bei der Beiordnung wird anstelle des Nebensatzes ein selbstständiger Satz gebildet, der mit dem kleinen Wörtchen *und* beigeordnet wird.

Das *und* kann auch durch einen Punkt ersetzt werden, sodass zwei völlig selbstständige Sätze entstehen:

Die Mädchen werden vom Wärter begrüßt. Daraufhin betreten sie den Umkleideraum.

Auch in diesem Fall steht das Wort *daraufhin*.
Aber: Nicht immer ist *daraufhin* das einleitende Wort, dieses muss je nach Sinnrichtung und Zeitstufe des Partizips gewählt werden.

Für die verschiedenen Sinnrichtungen von PPA und PPP werden im Einzelnen folgende verknüpfende Wörtchen verwendet:

Sinnrichtung	verknüpfende Wörtchen
temporal	daraufhin (bei PPP), währenddessen (bei PPA)
kausal	daher
modal	so
konzessiv	trotzdem

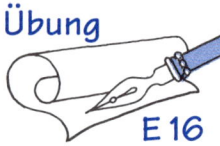

Übung

E 16

Übersetze folgende dir bekannte Beispielsätze mit Beiordnung in Form von zwei Sätzen!

1. Puellae magna voce disputantes vestes et calceos dissipant.
2. Puellae a ceteris feminis propter magnum tumultum vituperatae tacent.
3. Puellae aut lusu aut sole fatigatae sellas marmoreas occupant.
4. Puellae in frigidario natantes se recreaverunt.
5. Puellae tumultu iam fatigatae caldarium adierunt.

Unregelmäßige Verben

1. Wichtige unregelmäßige Verben

1.1 Komposita von *esse*
oder: **Von Bayern und Sechzigern**

Bodo verbringt die Herbstferien mit seinen Eltern in Rom. So ist es ihm nicht möglich, das Spiel der Sechziger (die „Löwen" = *Leones*) gegen die Bayern (*Bavarici*), das in München ausgetragen wird, im Fernsehen mitzuverfolgen. Er kommt auf die Idee Radio Vatikan einzuschalten und wirklich: Ein lateinisch sprechender Fußballreporter berichtet aus München. Bodo ist kein Ass in Latein, aber das Wichtigste versteht er.

Übersetze! Wenn dir der Text zu lang ist, kannst du einen Teil der Übersetzung auch auf Kassette sprechen.

Übung

F 1

1. … Nunc Leones impetum faciunt[1]. Iam iuxta ianuam[2] Bavaricorum sunt. Ecce, Horst Heldt sublimis[3] pilam[4] impellit[5]. Non pede, capite pilam impellit. Iam nullius corpus inter Heldt et Oliver Kahn ianitorem[6] <u>interest</u>. Nemo pilam arcere potest. Ianua! Iam prima ianua Leonibus! Gratulor[7] … (9. Minute)

2. … Dietmar Hamann Bavaricus pilam a Mehmet Scholl accipit. Werner Lorant instructor[8], qui Leonibus <u>praeest</u>, clamat: „Heldt et Walker, quid <u>deestis</u>?" Sed Hamann pilam iam impellit. Ianua! Prima ianua Bavaricorum. Una contra unam … (35. Minute)

3. … Walker Leo pilam acceptam statim Bernhard Winkler tradit. Adversarii non <u>absunt</u>: Markus Babbel et Thomas Helmer, lusores[9] praeclari, Leonem urgent et pilam rapere temptant. Frustra. Winkler pilam tenet et subito eam impellit. Ianua! Duae ianuae Leonum contra unam ianuam Bavaricorum. Si virtus Leonibus in reliquum tempus non <u>deerit</u>, tandem vincent … (52. Minute)

4. … Ictus liber[10] Bavaricis! Utinam Leonibus ne <u>inesset</u> tanta levitas animi[11]! – Mario Basler pilam impellere parat. Impellit. Inter eum et Bernd Meier ianitorem complures[12] Leones <u>intersunt</u>. Nihil <u>prodest</u>. Pila omnes pentetrat[13]. Etiam ianitor pilam capere non potest. Ianua! Duae ianuae contra duas ianuas. Aequatio[14] … (54. Minute)

5. … Bodden Leo in locum lusoris Borimirov successit[15]. Quid <u>proderit</u>? Exiguum[16] tempus <u>superest</u> … (82. Minute)

6. … Finis. Spe victoriae deiecti[17] Leones campum relinquunt. Quousque[18] tandem[19] abutentur[20] Bavarici patientia Leonum?

1 *impetum facere:* angreifen • 2 *ianua, ae,* f: Tor • 3 *sublimis, e:* hoch aufgerichtet • 4 *pila, ae,* f: Ball • 5 *impellere, impello:* schießen • 6 *ianitor, is,* m: Torwart • 7 *gratulor:* ich gratuliere • 8 *instructor, oris,* m: Trainer • 9 *lusor, is,* m: Spieler • 10 *ictus liber:* Freistoß • 11 *levitas animi:* Leichtsinn • 12 *complures, a:* mehrere • 13 *penetrare:* hindurchfliegen • 14 *aequatio, onis,* f: Gleichstand • 15 *in locum successit:* er ist an die Stelle getreten • 16 *exiguus, a, um:* klein wenig • 17 *spe victoriae deiecti:* der Hoffnung auf Sieg beraubt • 18 *quousque:* wie lange? • 19 *tandem:* eigentlich noch • 20 *abutentur* + Ablativ: sie werden missbrauchen

Übung F 2

Ergänze die den Formen von *arcere*, *superare* und *posse* entsprechenden Formen der Komposita von *esse*!

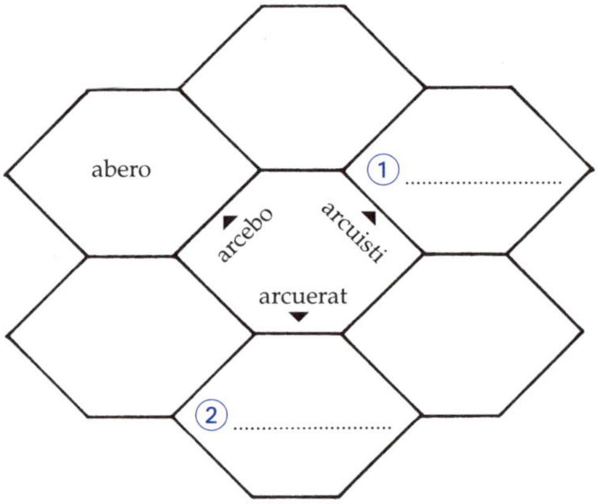

abero

① ....

arcebo arcuisti

arcuerat

② ....

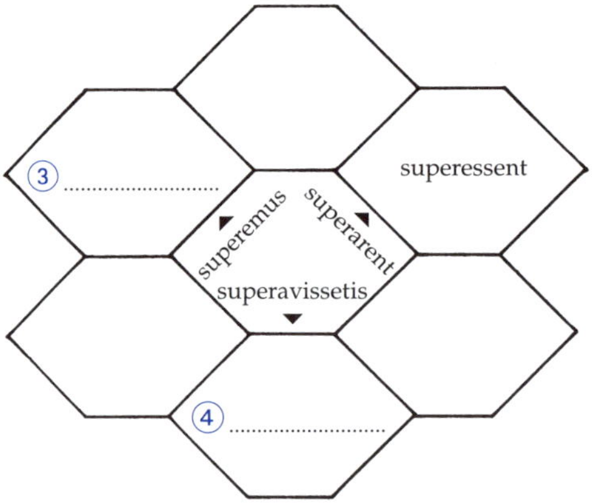

superessent

③ ....

superemus superarent

superavissetis

④ ....

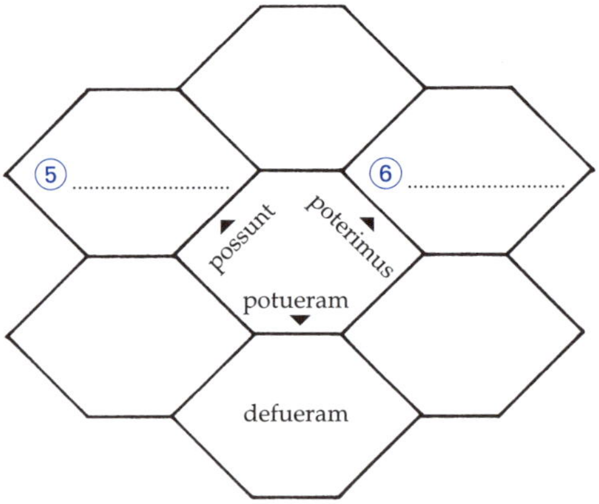

⑤ .... ⑥ ....

possunt poterimus

potueram

defueram

1.2 *Ire* contra *is, ea, id*
oder: **Von Gottesmüttern**

Schlage in deiner Schulgrammatik die Tabelle mit den Formen von
ire – gehen auf. Du kannst Folgendes feststellen:

Das *i* von *ire* wird zu *e* immer vor ① (Kreuze an!)

☐ hellen Vokalen *(e, i)*

☐ dunklen Vokalen *(o, u)*

ii wird zu *i* vor dem Konsonanten ② ....

Von den Verben der *i*-Konjugation unterscheidet sich *ire* vor allem im Futur:

er wird hören = ③ ....

er wird gehen = ④ ....

Die Schüler der Klasse 8c des Nofretete-Gymnasiums haben Pech: Ausge-
rechnet am Wandertag regnet es. Nur ihr Lehrer, Herr Osiris, der Latein und
katholische Religionslehre unterrichtet und begeisterter Hobby-Ägyptologe
ist, hat nichts gegen das schlechte Wetter: Schon längst einmal wollte er mit
der Klasse das Ägyptische Museum besuchen.

Horus, filius dei;
Ibis, avis sacra Isidis;
Jesus, filius dei

Bei seiner Führung durch das Museum macht Herr Osiris besonders auf die
Parallelen zwischen der ägyptischen Gottesmutter Isis und der christlichen
Gottesmutter Maria aufmerksam. Anschließend führt er mit den Schülerin-
nen und Schülern einen kleinen Test durch. Jeder Schüler bekommt ein Kärt-
chen, auf dem entweder eine richtige oder eine falsche Aussage steht. Wer die
Aussage auf seinem Kärtchen für richtig hält, soll darunter schreiben

Ita est   = ⑤ .... Wer die Aussage für falsch hält:

Ita non est = ⑥ ....

Wessen Lösung richtig ist, der darf nach Hause gehen. Der Lehrer sagt zu ihm: *Eas!* = ⑦ .... Wessen Antwort hingegen falsch ist, der muss zu einer Sonderlektion dableiben. Der Lehrer sagt zu ihm

Non ibis = ⑧ ....

Übung F 3

Der Lehrer hat die Kärtchen nun eingesammelt. Wenn du die obige Abbildung zu Hilfe nimmst, wirst du kaum mehr Zweifel haben, zu wem er *Eas!* sagen wird und zu wem *Non ibis!* (Kreuze an!)

a)

1. Name: Horst
Avis sacra Isidis est ibis. __Eam__ necare apud Aegyptios nefas est. Ita est. ☐ Eas! ☐ Non __ibis__!

2. Name: Susi
Mariae nonnumquam est caput bovis. __Eo__ mulier stulta esse videtur. Ita non est. ☐ Eas! ☐ Non __ibis__!

3. Name: Iris
Et filius Isidis et filius Mariae deus est. Itaque matres dei __eas__ appellare licet. Ita non est. ☐ Eas! ☐ Non __ibis__!

4. Name: Isai
Horus deus appellatur ut Iesus. Sed __is__ solus vitam aeternam hominibus dat. Ita non est. ☐ Eas! ☐ Non __ibis__!

Zusatzfrage: Welche beiden Schüler müssen zur Sonderlektion dableiben?

.... und ....

b) Alle im obigen Text unterstrichenen Wörter haben zwei Bedeutungen. Schreibe sie heraus und übersetze!

1. eam = diese, sie (Akk. Sg. Fem.) oder ich möge gehen

2. .... = ...

3. .... = ...

4. .... = ...

5. .... = ...

1.3 Komposita von *stare* und *sistere*
oder: **Hannibals Zug über die Alpen**

Besonders aufpassen musst du hier mit den doppeldeutigen Formen:

stetit ist
- 1. Perf. von *stare*: er hat gestanden
- 2. Perf. von *sistere*: er hat sich hingestellt

constitit ist
- 1. Perf. von *constare*: er hat bestanden (aus)
- 2. Perf. von ① .... : er hat sich hingestellt

② .... ist
- 1. Perf. von *instare:* er hat bevorgestanden, bedrängt
- 2. Perf. von ③ .... : er hat sich in/auf etw. (hingestellt)

④ .... ist
- 1. Perf. von ⑤ .... : er ist übrig geblieben
- 2. Perf. von ⑥ .... : er hat widerstanden

Die Karthager oder Punier *(Poeni)* waren lange Zeit die Erzfeinde der Römer. Hannibal, der berühmteste Karthager, schwört schon als Junge, er werde ewig ein Feind der Römer sein. Nach dem Tod seines Vaters Hamilkar übernimmt er 26-jährig den Oberbefehl über das karthagische Heer. Im so genannten zweiten Punischen Krieg (218–201 v. Chr.) überrascht Hannibal die Römer durch seinen Marsch über die Alpen: 50 000 Soldaten, 9 000 Reiter und 40 Elefanten sollen mit ihm gezogen sein. Von wilden Bergstämmen ständig bedroht und vom eisigen Novemberwetter überrascht, überlebte womöglich nur gut die Hälfte der Soldaten den Gewaltmarsch.

Übung  **F 4**

Lade mindestens zwei deiner Klassenkameraden zu dir nach Hause ein und spiele mit ihnen das hier abgedruckte Spiel. Als Spielsteine kannst du die Figuren aus dem Mensch-ärgere-dich-nicht-Spiel oder einem vergleichbaren Brettspiel verwenden. Jeder bekommt eine andere Farbe und los geht's – natürlich bei START. Reihum wird gewürfelt. Wer auf einem nummerierten Feld zu stehen kommt, darf entsprechend der Anweisung zusätzliche Felder voranmarschieren *(Perge …)* oder aber er muss eine oder mehrere Runden aussetzen *(Semel/bis/ter desiste pergere!)*. Wer als Erster durchs ZIEL läuft, ist Sieger.

Falls ihr die lateinischen Anweisungen nicht ganz versteht: Im Lösungsteil findet ihr die Übersetzung.

1) Poeni ad Druentiam flumen pervenerunt. Flumen imbribus auctum vim ingentem aquae ducit. Flumen nihil stabile[1] aut tutum intranti praestat. Semel desiste pergere!

2) Poeni montanos[2], homines intonsos[3] et incultos[4], procul vident. Tumulos[5] occupant. Hannibal consistere iubet. Exercitus sistit. Exploratores praemittuntur[6], ut loca visant[7]. Bis desiste pergere!

3) Montani Poenis in angustiis[8] obstant. Nonnulli ex Poenis adeo terrentur, ut in profundum[9] praecipitentur. Hannibal autem, qui virtute omnibus praestat, animos militum confirmat. Semel desiste pergere!

4) Hannibal castellum, quod caput[10] regionis est, cepit. Nemo Poenis restitit. Multos cibos invenerunt. Renovatis animis[11] pergunt. Perge tres areas!

5) Elephanti bestias utiles se praestant: Ubi exsistunt, montani fugiunt. Perge unam aream!

6) Sidus Vergiliarum[12] iam occidit: Hiems instat. Poeni magnis itineribus pergunt. Perge tres areas!

7) Hannibal in promunturio[13] institit. Circumpadanos[14] campos et Romam ostentat. Spe adductus exclamat: „Caput[15] Italiae mox in potestate nostra habebimus!" Ter desiste pergere! Despectu[16] in Italiam gaudeas!

8) Via praeceps[17], angusta, lubrica[18] est: Poeni tergo[19] descendere temptant. Aliud eis non restat. In levi[20] autem glacie[21] alii super alios et iumenta[22] in homines occidunt. Semel desiste pergere!

9) Hannibal castra facere constituit[23]. Poeni nivem[24] egerere[25] debunt. Bis desiste pergere!

10) Magnum saxum exercitui obstat. Incendio et ferro milites saxum „domant". Tam lata via in saxo exsistit, ut etiam elephanti deduci possint. Semel desiste pergere!

1 *stabilis, e:* fest stehend • 2 *montanus, i,* m: Bergbewohner • 3 *intonsus, a, um:* ungeschoren • 4 *incultus, a, um:* ungepflegt • 5 *tumulus, i,* m: Hügel • 6 *praemittere, praemitto:* vorausschicken • 7 *visere, viso:* besichtigen • 8 *angustiae, arum,* f: Engpässe • 9 *profundum, i, n:* Tiefe, Abgrund • 10 *caput, itis, n:* Hauptort • 11 *renovatis animis:* mit erneuertem Mut • 12 *sidus Vergiliarum:* Siebengestirn • 13 *promunturium, i, n:* Vorsprung eines Berges • 14 *circumpadanus, a, um:* rings um den Po befindlich • 15 *caput, itis, n:* Hauptstadt • 16 *despectus, ūs, m:* Aussicht • 17 *praeceps, ipitis:* abschüssig • 18 *lubricus, a, um:* rutschig • 19 *tergum, i, n:* Rücken • 20 *lēvis, e:* glatt • 21 *glacies, ei, f:* Eis • 22 *iumentum, i, n:* Lasttier • 23 *constituere, constituo:* beschließen • 24 *nix, nivis, f:* Schnee • 25 *egerere, egero:* wegräumen

1.4 Komposita von *dare* oder: Vom Köhler

Kennst du einen Köhler? Nein? Aber du weißt, was ein Köhler ist? Der Köhler stellt Kohle her. Aber Kohle wird doch nicht hergestellt? Braun- und Steinkohle wird nur abgebaut, das ist richtig, die Holzkohle aber, die man heute vor allem zum Grillen verwendet, wird mithilfe von Feuer hergestellt. Aber du kennst vielleicht jemand, der Köhler heißt? Wenn nicht, dann schau doch mal ins Telephonbuch: Da findest du den Namen „Köhler" bestimmt gleich mehrmals. Im Münchner Telefonbuch z. B. taucht der Name Köhler 621 Mal auf. Der Name „Köhler" weist darauf hin, dass ein Mitglied dieser Familie aus früheren Zeiten einmal den Beruf des Köhlers ausgeübt hat.

Dass du diesen Namen so häufig findest, ist kein Wunder, denn die Holzkohle war nicht nur in Italien und Griechenland, sondern auch bei uns von großer Wichtigkeit.

Sie diente nicht etwa dem Grillvergnügen, sondern der Gewinnung und Bearbeitung des Eisens und anderer Metalle. Aus dem Eisen aber wurden lebensnotwendige Werkzeuge geschmiedet, wie z. B. der Pflug, der für die Bearbeitung des Ackers und damit für die Gewinnung von Lebensmitteln unentbehrlich war.

Der Mann also, der sich auf die hohe Kunst verstand, durch den fachmännischen Einsatz von Feuer Holz in Kohle zu verwandeln, war „lebenswichtig".

Und so wurde die Holzkohle hergestellt …

strues, is, f: Kohlenmeiler

Füge die Verbformen in den folgenden Text ein!

abdit, addit, circumdat, condit, credis, credit, dedunt, edidit, edunt, perdit, prodere, prodit, redditus, tradit, vendit

1. Lignarius palum et ligna et sarmenta arida carbonario ....
   Der Holzfäller übergibt dem Köhler einen Quandelpfahl, Holzscheite und
   trockenes Reisig.

2. Carbonarius palum in terram ....
   Der Köhler stößt den Pfahl in den Boden.
   .

3. Palum sarmentis aridis ....
   Er umgibt den Quandelpfahl mit dem trockenen Reisig.

4. Ligna .... et struem terra tegit.
   Er fügt die Holzscheite hinzu und bedeckt den Kohlenmeiler mit Erde.

5. Flammam in struem .... Sarmenta et ligna sic flammis

   ....
   Er führt die Flamme tief in den Kohlenmeiler ein. Das Reisig und die Holzscheite vertraut er auf diese Weise den Flammen an.

6. Struem delet. Quid .... struem deletam .... ?

   Scilicet carbonem[1] ....
   Er zerstört den Kohlenmeiler. Was glaubst du, dass der zerstörte Kohlenmeiler zum Vorschein bringt? Natürlich bringt er die Kohle zum Vorschein.

7. Afra diem natalem[2] agit. Hospites

   voluptati se ....

   Plurimam carnem ....
   Afra feiert Geburtstag. Die Gäste
   geben sich dem Vergnügen hin.
   Sie essen überaus viel Fleisch.

8. Carbo deficit[3]. Carbonarius tempus

   non ....

   Plurimum carbonem ....
   Die Kohle geht aus. Der Köhler verliert keine Zeit. Er verkauft überaus viel
   Kohle.

9. Carbonarius omnem carbonem e cella carbonaria ....

   Divitissimus .... est.
   Der Köhler hat die gesamte Kohle aus dem Kohlenlager herausgeschafft. Er
   ist überaus reich gemacht geworden.

1 carbo, onis, m: Kohle • 2 dies natalis: Geburtstag • 3 deficere, deficio: ausgehen

1.5 *agere* und Komposita
oder: **Von Bauer, Feldherr usw.**

Übung F 6

Verbinde mit Pfeilen die lateinischen Sätze mit ihren deutschen Übersetzungen bzw. den Illustrationen. Anschließend listest du die verschiedenen Bedeutungen von *agere* und seinen Komposita auf.

a) *agere*

1. Agricola boves in agrum <u>agit</u>.

Der Käufer <u>verhandelt</u> mit dem Verkäufer über den Preis.

2. Imperator testudinem ad oppidum <u>agit</u>.

Der Bauer <u>treibt</u> die Rinder aufs Feld.

3. Ratis undis <u>agitur</u>.

4. Emptor cum venditore de pretio <u>agit</u>.

Das Floß <u>wird</u> von den Wogen <u>getrieben</u>.

 agere bedeutet also <u> verhandeln </u>, ... und ....

b) *exigere*

1. Venditor pretium constitutum <u>exigit</u>.

2. Tom ratem conto ex arundine <u>exigit</u>.

Der Verkäufer <u>verlangt</u> den vereinbarten Preis.

exigere bedeutet also .... und ....

c) *subigere*

1. Imperator gentes
   bellicosas <u>subigit</u>.

2. Agricola taurum
   sub iugum <u>subigit</u>.

Tom <u>treibt</u> das Floß
fluss<u>aufwärts</u>.

3. Tom ratem <u>subigit</u>.

Der Feldherr <u>unterwirft</u>
kriegerische Stämme.

subigere bedeutet also ...., ...

und ....

d) *cogere*

1. Venditor emptorem
   <u>cogit</u>, ut pretium
   constitutum solvat.

Der Feldherr <u>versammelt</u>
die Soldaten auf einer
Anhöhe.

2. Imperator milites
   in locum superio-
   rem <u>cogit</u>.

cogere bedeutet also .... und ....

e) *redigere*

1. Agricola boves in stabulum <u>redigit</u>.

Der Verkäufer <u>führt</u> einen beträchtlichen Teil des Erlöses an den Staat <u>ab</u>.

2. Imperator gentes bellicosas in potestatem populi Romani <u>redigit</u>.

3. Venditor aliquan-tum pecuniae in publicum <u>redigit</u>.

Der Feldherr <u>unterwirft</u> kriegerische Stämme dem römischen Volk.

! *redigere* bedeutet also ...., ... und

....

Et media nocte …

f) *peragere* (Übersetze!)

Agricola et imperator et Tom et venditor opera sua <u>peregerunt</u>.

....

....

1.6 *mittere* und Komposita
oder: **Die Mühle am rauschenden Bach**

Fast alles, was rund um das Wasserrad *(rota aquaria)* passiert, lässt sich mit *mittere* und seinen Komposita zum Ausdruck bringen.

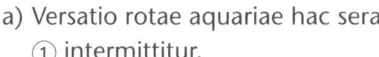

Übung

F 7

- Ordne die lateinischen Sätze ihren deutschen Übersetzungen zu.
- Unterstreiche die Formen von *mittere* und seine Komposita und setze sie in den Infinitiv.
- Welche weiteren Bedeutungen dieser Verben sind dir noch bekannt?

a) Versatio rotae aquariae hac sera ① intermittitur.
b) Si imbres ② remittunt etiam rota aquaria de celeritate remittit ③.
c) aqua omissa ④.
d) Aqua dimittitur ⑤.
e) Aqua demittitur ⑥.
f) Aqua pinnae admittitur ⑦.
g) Rotae aquariae appropinquare non permittitur ⑧.
h) Radii committuntur cum modiolo ⑨.

1 *imber, bris,* m: Regen • 2 *modiolus, i,* m: Nabe • 3 *pinna, ae,* f: Schaufel • 4 *radius, i,* m: Speiche • 5 *sera, ae,* f: Querbalken

1. Das Wasser wird herabgeschleudert.
2. Sich dem Wasserrad zu nähern wird nicht erlaubt.
3. Wenn die Regenfälle nachlassen, lässt auch das Wasserrad an Geschwindigkeit nach.
4. Das Wasser wird auf die Schaufel geworfen.
5. Die Drehung des Wasserrades wird durch dieses Querholz unterbrochen.
6. Die Speichen sind mit der Nabe verbunden (zusammengeführt).
7. ungenutzt gelassenes Wasser.
8. Das Wasser wird entlassen.

1.7 *ferre* und Komposita
oder: **Auf dem Oktoberfest**

Herr Werner, Lateinlehrer am Johannes-Amos-Comenius-Gymnasium, hat seinen Schülern die Sage von Ixion erzählt: Ixion, ein Sterblicher, darf an der Tafel der Götter speisen und entbrennt in Liebe zu Iuno, Jupiters Frau. Obwohl sich Iuno Ixion durch Verwandlung in eine Wolke entzieht, behauptet er, sie sei in ihn verliebt. Zur Strafe für seinen Übermut heftet ihn Jupiter an ein ewig rollendes Feuerrad.

Die Schüler sollen nun eine wahre Begebenheit schildern, in der sie genau wie Ixion die Erfahrung gemacht haben, dass Übermut selten gut tut. Herr Werner hilft ihnen, ihre Gedanken ins Lateinische zu übertragen.
Ilan sitzt lange vor einem weißen Blatt, schließlich aber fällt auch ihm etwas ein. Er war doch erst neulich in München auf dem Oktoberfest (*ludi Octobres*) …

Übung

F 8

Unterstreiche die vier blau gedruckten Wörter, die <u>keine</u> Formen von *ferre* und seinen Komposita sind. Anschließend übersetzt du! Wenn dir der Text zu lang ist, kannst du einen Teil der Übersetzung auch auf Kassette sprechen.

1. Quis ludos Octobres ignorat? Maximi, ut fertur, ludi populares[1] totius orbis terrarum sunt.
2. Equidem[2] hoc anno primum[3] in aream[4] latam me contuli, quam „Pratum" Monacenses[5] appellant. Eheu[6]! Quot dulcia[7], quot botuli[8], quanta imprimis cervisia[9] ibi offertur!
3. His autem blanditiis[10] animus meus inflammatus non est. Machinas[11] statim petivi.
4. Machina, quae nomen Ptolemaei ferebat, maxime mihi placuit. In medio tellus[12] quasi erat, septem vehiculi autem ut sol et luna et quinque stellae errantes[13] circumferebantur. Quantam admirationem haec machina vectoria mihi intulit! Num quid iucundius homini accidere potest, quam item circumferri ut luna aut stellae?
5. Sic mecum cogitans tesseram[14] emi. Unum ex vehiculis nitidis[15] intravi. Servus tesseram mihi ex manu abstulit. Pedem retro ferre non iam potui. Volatus[16] differri non iam potuit.
6. Gradatim[17] vehiculum a brachio ferreo, e quo haerebat, circumlatum et sublatum est. Ubi[18] tabernas[19] et innumerabiles homines vidi, gaudio exsultavi[20].
7. Mox autem tanta celeritate circumferebar, ut omnis fere animus mihi auferretur. Clamorem sustuli: „Terrae referar!" Nemo autem auxilium mihi tulit. Iovi Optimo Maximo preces tuli, sed aures mihi non praebuit. Iam ultimam horam mihi allatam esse putavi. Cum metum[21] vix tolerare possem, tandem machina constitit.
8. Machina constitit, sed animus circumferri perrexit. Vix stare potui, gradatim – Deo gratiam agam – vita mihi relata est.
Felix, cui terram certam habitare licet! Felix, qui stellas spectans stellas non petit!

1 *ludi populares:* Volksfest • 2 *equidem:* ich meinerseits • 3 *primum:* zum ersten Mal • 4 *area, ae,* f: Platz • 5 *Monacenses, ium:* die Münchner • 6 *eheu:* oh! • 7 *dulcia, orum,* n. pl: Süßigkeiten • 8 *botulus, i,* m: Wurst • 9 *cervisia, ae,* f: eine Art Bier • 10 *blanditiae, arum,* f: Verlockungen • 11 *machina, ae,* f: hier: Fahrgeschäft • 12 *tellus, uris,* f: Erde • 13 *stella errans:* Planet • 14 *tessera, ae,* f: Chip • 15 *nitidus, a, um:* glänzend • 16 *volatus, ūs,* m: Flug • 17 *gradatim:* nach und nach • 18 *ubi:* sobald • 19 *taberna, ae,* f: Verkaufsbude • 20 *exsultare:* aufjauchzen • 21 *metus, ūs,* m: Furcht

Ergänze die entsprechenden Verbformen von *ferre*!

Übung
F 9

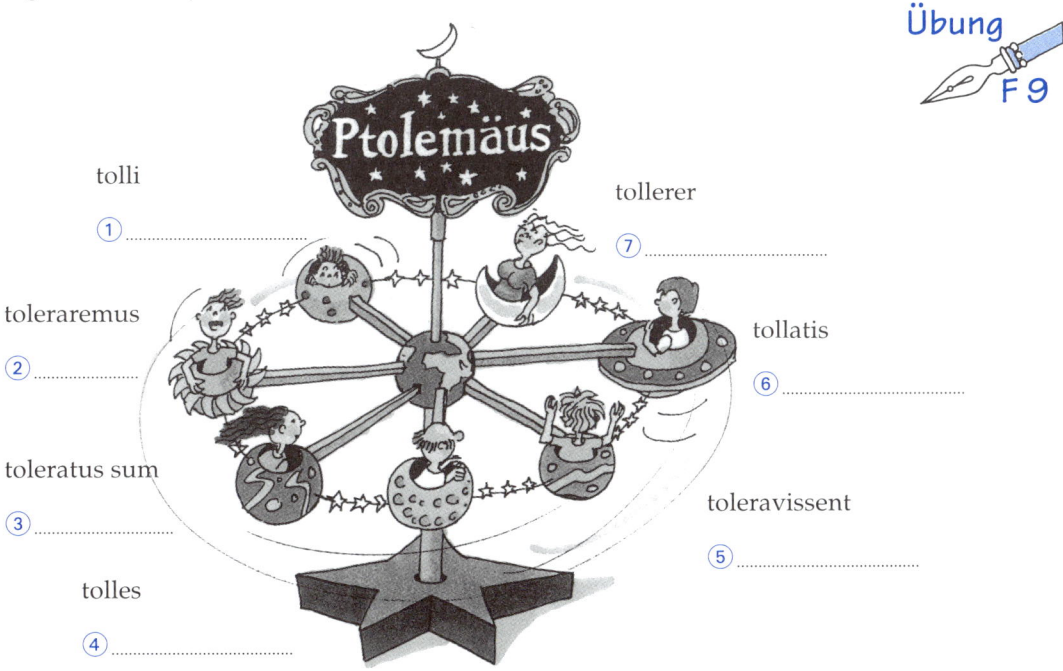

tolli
① ....

tollerer
⑦ ....

toleraremus
② ....

tollatis
⑥ ....

toleratus sum
③ ....

toleravissent
⑤ ....

tolles
④ ....

1.8 *velle, nolle, malle* oder: **Die Qual der Wahl**

Für die Schüler der Klasse 11d des Rosa-Luxemburg-Gymnasiums steht das Ziel ihrer Klassenfahrt fest: Florenz. Nun müssen sie sich nur noch einigen, ob sie lieber mit dem Zug (*currūs ferroviarii*) fahren oder mit dem Flugzeug (*aeroplanus*) fliegen wollen. Ihre Lateinlehrerin, Frau Amalthea, befragt die Schüler nach ihrer Meinung. Sie will sich der Schülermehrheit beugen.

Ergänze die fehlenden Verbformen von *velle, nolle* und *malle* und übersetze! Wenn dir der Text zu lang ist, kannst du einen Teil der Übersetzung auch auf Kassette sprechen.

Übung
F 10

1. *Frau Amalthea:* Sebastian, dic! Utrum curribus ferroviariis Florentiam ire

.... (velle) an aeroplano?

Sebastian: Volare .... (malle).

Frau Amalthea: Cur volare .... (malle)?

Sebastian: Volare <u>malo</u>, quod aeroplanus celerior est quam currus ferroviarii.

2. *Frau Amalthea:* Et tu Albin, etiam tu volare <u>malles</u>?

   Albin: Volare <u>nolo</u>. Volatus[1] pluris stat[2] quam vectio[3]. Parentes mei autem pauperes sunt.

3. *Frau Amalthea:* Et vos, Heinz et Fritz, etiam vos curribus ferroviariis ire

   .... *(malle)*?

   Heinz et Fritz: Ita est. Curribus ferroviariis ire .... *(malle)*, quod aeroplani orbem terrarum magis polluunt[4] quam currus ferroviarii. Praeterea curribus ferroviariis ire ....

   .... *(velle)*, quod volans Alpes et loca amoena[5] Italiae spectare non potest.

4. *Korbinian:* Ita non est. Etiam si volabis, Alpes videbis. Alpes videbis et inter montes nubes[6] ovibus placidis similes. Itaque volare <u>malam</u>.

5. *Kasimir:* Aeroplanus securissimum vehiculum esse mihi videtur.

6. *Franziska et* Volare autem periculosius esse nobis videtur quam curribus
   Gundula: ferroviariis ire. Itaque volare <u>nolemus</u>.

Inzwischen haben sich zehn Schüler für den Flug und zehn für die Bahnfahrt ausgesprochen. Nur Sarah und Lea haben sich noch nicht geäußert. Nur von ihrer Meinung hängt die Entscheidung noch ab:

7. *Frau Amalthea:* Et tu, Sarah, quid <u>mavis</u>?

   Sarah: Nescio, quid .... *(malle)*. Si Lea volare <u>mavult</u>, ego ipse quoque volare <u>velim</u>. Si Lea volare <u>nolet</u>, ego ipse quoque volare............................ *(nolle)*.

   Lea: Curribus ferroviariis ire semper <u>malebam</u>, quod aeroplanum magnum malum esse puto.

   Sarah: Ut verum dicam: Volare <u>maluissem</u>. Sin autem[7] Lea volare <u>non vult</u>, ego ipse quoque volare .... *(nolle)*.

1 *volatus, ūs,* m: Flug • 2 *pluris stat:* kostet mehr • 3 *vectio, ionis,* f: Fahrt • 4 *polluere, polluo:* verschmutzen • 5 *amoenus, a, um:* romantisch • 6 *nubes, is,* f: Wolke • 7 *sin autem:* wenn aber

1.9 *odi, novi, memini*
oder: **Berühmte Männer erinnern sich**

Am besten übersetzt du *odi, novi* und *memini* (zumindest in Gedanken) zunächst immer mit ihren **Hilfsübersetzungen**, die ja auch die ursprünglichen Bedeutungen dieser Verben bezeichnen.

Die Hilfsübersetzung von *odi* lautet „ich habe hassen gelernt",

die freiere und übliche Übersetzung „ich ① ....".
Die Hilfsübersetzung von *novi* lautet „ich habe kennen gelernt",

die freiere und übliche Übersetzung „ ich ② ....".
Die Hilfsübersetzung von *memini* lautet „ich habe in mein Gedächtnis aufge-

nommen", die freiere und übliche Übersetzung „ich ③ ....".

TiPP

Übersetze erst mit der Hilfsübersetzung und dann in üblicher Weise:

Übung
F 11

1. *Oderis:* ....

   = ...

2. *Novit:* ....

   = ...

3. *Memineramus:* ....

   = ...

Ein Vergleich des Tempus im Lateinischen und in der Hilfsübersetzung mit dem Tempus der im Deutschen üblichen Übersetzung ergibt:
– Futur II im Lateinischen und in der Hilfsübersetzung wird in der üblichen

   Übersetzung zu ① ....
– Perfekt im Lateinischen und in der Hilfsübersetzung wird in der üblichen

   Übersetzung zu ② ....
– Plusquamperfekt im Lateinischen und in der Hilfsübersetzung wird in der

   üblichen Übersetzung zu ③ .... oder ④ ....

Das Tempus der im Deutschen üblichen Übersetzung ist also gegenüber dem Tempus im Lateinischen und der Hilfsübersetzung um eine Zeitstufe verschoben, und zwar in Richtung ⑤ (Kreuze an!)
☐ Vergangenheit.
☐ Zukunft.

Übung

F 12

Wusstest du, dass ein Römer auch mit über 40 Jahren noch ein *iuvenis* war? Diese und die anderen Altersbezeichnungen brauchst du für die nächste Übung: Du findest sie unter den Zeichnungen am Rand. Auch ein bisschen knobeln und rechnen musst du dabei ...

infans
(0–7 Jahre)

Rechne bei jedem Satz zuerst anhand der Zeitleisten das entsprechende Lebensalter aus und ergänze ihn dann mithilfe der Zeichnungen.

43	nex Ciceronis	† 43
44	nex Caesaris	† 44
58–51	expugnatio Galliae (Caesare imperatore)	
63	coniuratio Catilinae (Cicerone consule)	* 63 Augustus
73–71	seditio servorum (Spartaco duce)	
83	incendium templi Iovis	* 82 Antonius
97	interdictum de sacrificio hominum	

† 14 n. Chr.

† 30

* 100 Caesar

* 106 Cicero

puer
(7–14 Jahre)

adulescens
(14–20 Jahre)

1. Salve Cicero! Meministi-ne necis Caesaris?
   Scilicet[1] memini. Tum senex eram.

2. Salve Cicero! Meministi-ne expugnationis[2] Galliae?

   Scilicet memini. Tum _____ eram.

3. Salve Caesar! Meministi-ne interdicti[3] de sacrificio hominum?

   Non memini. Tum _____ eram.

4. Salve Caesar! Meministi-ne incendii[4] templi Iovis?

   _____. Tum _____ eram.

iuvenis
(20–45 Jahre)

5. Salvete Cicero et Caesar! Meministis-ne coniurationis[5] Catilinae?

.... Tum .... eramus.

6. Salve Antoni! Meministi-ne seditionis[6] servorum?

.... Tum .... eram.

7. Salve Auguste! Meministi-ne coniurationis Catilinae?

.... Tum .... eram.

8. Salve Auguste! Meministi-ne necis Caesaris?

.... Tum .... eram.

9. Salvete Antoni et Auguste! Meministis-ne necis Ciceronis?

.... Tum .... eramus.

senior
(45–60 Jahre)

senex
(alter Mann)

1 *scilicet:* selbstverständlich • 2 *expugnatio, onis,* f: Eroberung • 3 *interdictum, i,* n: Verbot •
4 *incendium, i,* n: Brand • 5 *coniuratio, onis,* f: Verschwörung • 6 *seditio, onis,* f: Aufstand

Bilde die entsprechenden Formen für *odi/odium* und *novi/scientia*!

Übung
F 13

regno

③ ....

④ ....

regnabo

① ....

② ....

regnavi

⑤ ....

⑥ ....

sum sine regno

⑦ ....

⑧ ....

Das Rad der Schicksals-
göttin aus der Hand-
schrift der „Carmina
Burana" aus Benedikt-
beuern/Oberbayern.

2. Verben mit Perfektbildung ohne (sichtbare) Stammveränderung gegenüber dem Präsensstamm

2.1 *venire* und Komposita
oder: Vom Pantheon zur spanischen Treppe

Übung

F 14

Drei der folgenden Verbformen sind doppeldeutig. Schreibe sie heraus und gib beide Übersetzungen an!

veniunt, venient, venit, veni, venisti, veneras, venisses, venissetis, venimus, veniamus, venite

a) venit: 1. er kommt

            2. ....

b) .... :   1. ....

            2. ....

c) .... :   1. ....

            2. ....

Die 7e des Robert-Koch-Gymnasiums ist auf Klassenfahrt in Rom. Gleich am ersten Tag besichtigen die Jungen und Mädchen das Pantheon, den am besten erhaltenen Tempel Roms. Das Interesse an der römischen Kultur ist allerdings nicht bei allen Schülern gleichermaßen ausgeprägt …

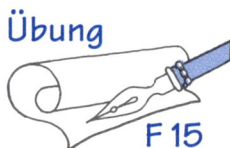

Übung

F 15

Übersetze!

Magister: Tandem ad Pantheum praeclarum pervenimus, discipuli! Utrum primum <u>circumveniamus</u> aedificium an intremus?
Discipuli: Primum intremus!
Ulf ad Olafem: Non intrabo. Vinum comparabo.
Olaf: Imploro te: Mox <u>reveni</u>!

Magister orationem longam de Pantheo habet. Subito videt Ulfem abesse.

Magister: Ubi est Ulf? Olaf, tu amicus Ulfis es. Tu certe aliquid de Ulfe comperisti?
Olaf: Eh, se minus valere dicit. Pantheum non intravit.

Magister: Hic manete, discipuli! <u>Circumveniam</u> Pantheum.

Magister <u>circumvenit</u> Pantheum, sed Ulfem non <u>invenit</u>.

Magister: Ulfem non <u>inveni</u>. Adiuvate me!

Magister et discipuli Ulfem ubique[1] quaerunt. Postremo ad Scalam Hispanicam[2] <u>perveniunt</u>. Ibi Ulfem ebrium[3] <u>conveniunt</u>. Ab hominibus obscuris[4] <u>circumvenitur</u>.

Magister: Tandem te <u>invenimus</u>. Statim <u>veni</u> nobiscum, fugitive[5]! Non corpore aeger es, sed animo, si cum istis hominibus contra nos coniuras.

1 *ubique:* überall • 2 *Scala Hispanica:* Spanische Treppe • 3 *ebrius, a, um:* betrunken • 4 *obscurus, a, um:* finster • 5 *fugitivus, i,* m: Ausreißer

2.2 *edere, emere, legere, fugere*
   oder: **Als man die Kleinen noch laufen ließ**

Ergänze!

Übung
F 16

edere		edi	esum	= essen
emere	emo			=
		legi	lectum	=
fugere			fugiturus	=

Drei der folgenden Formen haben gleich drei verschiedene Bedeutungen. Schreibe sie heraus und gib alle drei Übersetzungen an!

Übung
F 17

fugate, fuga, fugabit, fugiet, legamus, legi, legisti, legissetis, edes, ederam, edebam, edi

a) <u>fuga:</u>   1. Fliehe!

   2. die Flucht (Nominativ)

   3.

b)   1.

   2.

   3.

c)   1.

   2.

   3.

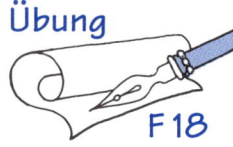
Setze die in Klammern stehenden Verben in die passende Perfektform und übersetze!

1. Piscator duos pisces reti

.... *(capere).*

2. Alter magnus, alter parvus erat.

3. Ambo fuga salutem

.... *(petere).*

4. Parvus per rete ....
(fugere).

5. Magnus autem fugere non .... *(posse).*

6. Piscator magnum necavit et actis diurnis, quae non iam legebantur,

.... *(involvere).*

7. Homo dives eum .... *(emere)* et .... *(edere).*

8. Aetas[1] felix: Parvi fugiebant, magni capiebantur, necabantur, edebantur.

1 *aetas, atis,* f: Zeitalter

piscator, is, m

magnus piscis

acta diurna
(n. pl.)

parvus
piscis

rete, is, n

2.3 *accidere, concidere, incidere, occidere; occidere; concurrere, succurrere; bibere* oder: **Gefangen im Schacht**

Ergänze!

accidere	accido	....	= hinfallen,
			s. ereignen
occidere	óccido	....	= niederfallen,
			sterben
occidere	occīdo	.... occisum	= ....
concurrere	concurro	....	= ....
			....
....	.... bibi	....	= ....

Übersetze! Die Verben im folgenden Text können ihrer Form nach sowohl im Präsens als auch im Perfekt stehen. Orientiere dich daher bei der Bestimmung der Zeitstufe an der Abbildung: Was ist schon geschehen, was geschieht gerade?

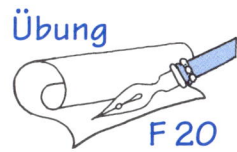

1. Pars cuniculi[1] <u>concidit</u>.
2. Saxum duos Romanos <u>occīdit</u>.
   Alter super alterum ó<u>ccidit</u>.
3. Aqua in cuniculum <u>incidit</u>.
4. Celerrimus Romanorum iam <u>succurit</u>.
5. Turba ceterorum Romanorum <u>concurrit</u>.
6. Canis impius aquam <u>bibit</u>.
7. Quanta calamitas <u>accidit</u>!

1 *cuniculum, i,* n: Stollen

2.4 *ascendere, descendere, ostendere, comprehendere, incendere, contendere, metuere, ruere, exuere, constituere, volvere*
oder: **Vom Holzfäller**

Ergänze!

ascendere	ascendo	....	ascensum
		=	
comprehendere	....	....	comprehensum
		=	
....	....	incendi	....
		=	
....	....	....	exutum
		=	
....	....	....	volutum
		=	

Mit dem Köhler haben wir uns schon weiter oben beschäftigt (s. S. 102 ff.). Nicht weniger wichtig war die Arbeit des Holzfällers *(lignarius)*. Der Köhler brauchte ja Holz, um die Holzkohle herzustellen.

Übung

F 22

a) An einem einzigen Verb lässt sich erkennen, dass der folgende Text insgesamt im (Kreuze an!)

☐ Präsens steht,

☐ Perfekt steht,

nämlich an ....

b) Übersetze den Text!

Das harte Leben des Holzfällers

1. Lignarius iam ante lucem[1] montem <u>ascendit</u>. Tenebras[2] silvarum non <u>metuit</u>. Luna[3] viam <u>ostendit</u>.
2. Lignarius quercum ingentem <u>invenit</u>. Truncum[4] quercūs[5] vix brachiis <u>comprehendit</u>.
3. Lignarius quercum securi <u>caedit</u>.
4. Truncum caesum et ramis[6] liberatum in torrentem <u>volvit</u>.
5. Torrens truncum volvens de monte <u>ruit</u>.
6. Lignarius ramos <u>incendit</u>.
7. Flamma calefactus[7] vestem <u>exuit</u>. Prandere[8] <u>constituit</u>.
8. Post meridiem lignarius de monte <u>descendit</u>, domum <u>contendit</u>.

lignarius, i, m

securis, is, f   *torreus, ntis, m*

1 *ante lucem:* vor Tagesanbruch • 2 *tenebrae, arum,* f. pl.: Finsternis • 3 *luna, ae,* f: Mond • 4 *truncus, i,* m: Stamm • 5 *quercus, ūs,* f: Eiche • 6 *ramus, i,* m: Ast • 7 *calefacere, calefacio:* erwärmen • 8 *prandere, prandeo:* frühstücken

TiPP

Verben auf *-uere* und *-endere* ändern den Perfektstamm (gegenüber dem Präsensstamm) nicht.

Achtung!

Nicht verwechseln!!

Herr Subdolus, ein altgedienter Lateinlehrer, hält nichts von den Geschichtchen, die andere Lehrer ihren Schülern in Klassenarbeiten vorlegen. Stattdessen lässt er seine Schüler geflügelte Worte übersetzen und ausdeuten. Denn er ist der Meinung, dass diese einprägsamen Sentenzen im späteren Leben einen überaus großen praktischen Nutzen haben.

Als Serenus heute von der Schule kommt, strahlt er über das ganze Gesicht: „Diesmal habe ich alle Sätze von Herrn Subdolus übersetzen und erklären können!", erzählt er seinen Eltern verheißungsvoll.

Sieh dir seine Arbeit doch mal an! Können dich die Übersetzungskünste und Deutungsversuche des wackeren Serenus wirklich überzeugen? Welche Wörter hat er verwechselt bzw. falsch aufgefasst?

I. HOMINES CUM DOCENT DISCUNT.

So übersetzt Serenus:

„Wenn die Menschen lehren, sprechen sie."

Und so erklärt er seine Übersetzung:

„Eine sehr alte Weisheit, die in der Antike freilich noch mehr Gültigkeit besaß als in unseren Tagen. Damals war Papier (Papyrus) viel teurer als heutzutage. Deshalb belehrte einen gewöhnlich nicht ein Buch, sondern immer ein Mensch, der aber auch wirklich etwas sagte."

Serenus verwechselt *discere, disco, didici* (lernen) **mit** *dicere, dico, dixi, dictum* (sagen, sprechen).

Die richtige Übersetzung: „Indem die Menschen lehren, lernen sie."

II. CUNCTA FLUUNT.

„Alles weint."

„Oft ist es so, dass wenn der Himmel weint, also wenn es regnet, auch der Mensch traurig ist. Er fängt dann auch an zu weinen. Schließlich weint alles."

Serenus verwechselt *fluere, fluo, fluxi* (fließen) **mit** *flere, fleo, flevi, fletum* (weinen).

Die richtige Übersetzung: „Alles fließt." (d. h.: Alles befindet sich im Wandel; nach dem griechischen Philosophen Heraklit)

III. PERICULUM IN MORA

„Gefahr in der Sitte"

„Sitten haben schon immer Gefahren mit sich gebracht. Das gilt z. B. selbst für die harmlose Sitte des Händeschüttelns bei der Begrüßung: Dadurch nämlich können Bakterien übertragen werden."

Serenus verwechselt
mit
Die richtige Übersetzung:

mora, ae, f (Verzug)
mos, ris, m (Brauch, Sitte).
„Gefahr im Verzug" (d. h.: Es ist gefährlich, noch länger zu warten; von dem Geschichtsschreiber Livius)

IV. OMNIA VINCIT AMOR.

„Alles bindet die Liebe."

„Wenn ich eine Freundin habe, dann bin ich nicht mehr so frei wie vorher. Ich hab Verpflichtungen. Ich muss sie mal besuchen, ihr Blumen schenken etc."

Serenus fasst die Form *vincit* falsch auf:
Sie kommt hier nicht von
sondern von
Die richtige Übersetzung:

vincire, vincio, vinxi, vinctum (binden),
vincere, vinco, vici, victus (siegen).
„Die Liebe bezwingt alles." (von dem Dichter Vergil)

V. UT DESINT VIRES TAMEN EST LAUDANDA VOLUNTAS.

„Wenn auch die Männer fehlen, so ist doch das Vergnügen lobenswert."

„Das lässt sich manchmal in der Disco beobachten. Die Jungs bleiben aus, aber die Mädchen haben doch viel Spaß am Tanzen. Ich glaube, dass die Mädchen heutzutage überhaupt immer unabhängiger von den Jungs werden."

Hier verwechselt Serenus gleich zwei Wörter:
Er verwechselt erstens
mit
und zweitens
mit
Die richtige Übersetzung:

vires, ium, f (Kräfte)
vir, i, m (Mann)
voluntas, tis, f (Wille)
voluptas, tis, f (Vergnügen).
„Wenn auch die Kräfte fehlen, so ist doch der Wille lobenswert."

Nun helfen die besten Grammatikkenntnisse nichts ohne den entsprechenden Wortschatz, und da kennst du sicher diesen Ausspruch:

Wie kriege ich sie nur in meinen Kopf hinein?

Das fragst du dich manchmal, wenn du wieder einmal die leidigen Vokabeln lernen sollst. Jeder hat da so seine Technik, die er sich einmal angewöhnt hat. Mehr oder weniger gut funktioniert sie auch. Aber geht's nicht auch besser?

Wir schlagen dir im Folgenden eine Methode vor, die von der ausgeht, mit der die meisten ohnehin ihre Vokabeln lernen. Sie enthält aber einige Tricks, die dafür sorgen, dass die Wörter besser im Gedächtnis hängen bleiben.
Dieses Basisprogramm besteht aus fünf Spielregeln, die du auf den nächsten Seiten findest.

Spielregel 1:
Lerne nicht zu viele Vokabeln an einem Tag!

Dreißig neue Wörter sind im Normalfall die Obergrenze. Wenn du mehr Wörter lernen musst – was hoffentlich nur selten der Fall ist –, dann solltest du sie auf zwei Tage verteilen.

Spielregel 2:
Teile und herrsche!

Wer dreißig Vokabeln auf einmal in sich hineinstopfen will, um es hinter sich zu haben, sitzt ziemlich lange dran – und die Vokabeln sitzen trotzdem schlecht. Viel besser ist es, kleine, gut verdaubare Portionen zu bilden und über den Nachmittag zu verteilen.

Dazwischen erledigst du andere schriftliche oder mündliche Hausaufgaben. So wird das Vokabellernen ertragreicher und erträglicher, denn du siehst nicht mehr den Riesenberg Vokabeln vor dir und verzweifelst (was wiederum den Lernerfolg schmälert), sondern nur ein kleines Häufchen – und das packst du doch leicht!

Nebenbei profitierst du noch von einem leider recht unbekannten Lerngesetz: Den Anfang und Schluss des Stoffs einer Lernzeit merkt sich das Gedächtnis nämlich viel einfacher, fast schon automatisch.

Du bekommst sozusagen beim Lernen einen Mengenrabatt, wenn du das ausnutzt. Lernst du nämlich dreißig Vokabeln auf einmal, hast du nur zwei „Randwörter". Verteilst du hingegen die dreißig Wörter auf sechs Portionen, die du getrennt lernst, sind es zwölf Randwörter, die leichter im Gedächtnis hängen bleiben. Das ist doch was!

Spielregel 3:
Sei clever -
nutze das Abschreiben der Wörter ins Vokabelheft!

Viele betrachten das nur als lästige Pflicht und schreiben die Vokabeln „runter" ohne mitzudenken, vielleicht sogar, während der Fernseher läuft. Dabei könntest du dir bereits jetzt einen erheblichen Teil der späteren Lernarbeit ersparen, wenn du dir das Wort, während du es schreibst, intensiv bildlich vorstellst und laut sprichst. So nutzt du mehrere Lernwege – siehe Spielregel 4!

Spielregel 4:
Viele Wege führen ins Gehirn!
Mehrere Lernwege benutzen!

Ja, was ist denn das – Lernwege?

Du hast vielleicht schon einmal gehört (oder am eigenen Leib erfahren), dass manche Menschen mehr lernen, wenn sie etwas sehen, andere, wenn sie etwas hören, wieder andere, wenn sie es schreiben.

Diese unterschiedlichen Vorgehensweisen nennt man die Lernwege. Am besten ist es freilich, mehrere Lernwege zu kombinieren. Denn so nutzt du alle Möglichkeiten – und das zahlt sich aus.

Die Methode ist nicht aufwendig. Du kannst sie leicht mit deinem üblichen Verfahren, die Vokabeln zu lernen, verbinden.

(1) Zuerst die Vokabeln (der Portion, die gerade dran ist!) laut zwei- bis dreimal durchlesen!
(Laut deshalb, weil du zum einen besser hörst, ob deine Aussprache stimmt; zum anderen nimmst du die Vokabeln mit den Augen und mit den Ohren auf.)

(2) Sich das Wort und seine Bedeutung beim Lesen bewusst vorstellen!
(Dein Gehirn verarbeitet so nicht nur den Wortlaut und das Buchstabenbild, sondern kombiniert damit ein Bild von der Bedeutung des Wortes!)

(3) Decke eine Seite zu und stelle fest, welche Wörter du bereits beherrschst, indem du sie laut sprichst und schreibst!
(Nicht nur sprechen, denn du musst ja auch die richtige Schreibweise beherrschen!)

(4) Decke beide Seiten abwechselnd zu und mache dann dasselbe wie zuvor, so lange, bis alle Vokabeln (einer Portion!) sitzen.

Spielregel 5:
Auch die neu gelernten Wörter rechtzeitig wiederholen!

- Die erste Wiederholung sollte man eigentlich nach zwanzig Minuten durchführen, denn ab da droht neu erworbenes Wissen durch das Sieb des berühmt-berüchtigten Kurzzeitgedächtnisses zu fallen. Am besten wiederholst du einfach nach dem Lernen einer Portion die Wörter der zuvor gelernten, und wenn du alle Wörter am Ende des Nachmittags gepaukt hast, gehst du sie einfach nochmals alle durch.

- Die zweite Wiederholung sollte nach einigen Stunden stattfinden – jetzt merkst du, welche Vokabeln noch nicht richtig sitzen. Wenn du dich unmittelbar nach dem Lernen selbst überprüfst oder abfragen lässt, machst du dir leicht etwas vor – die Wörter sind zwar parat, nämlich im Kurzzeitgedächtnis, aber eben noch nicht richtig abgespeichert. Das erklärt, warum mancher enttäuscht und frustriert ist, weil er am nächsten Tag die Wörter nicht mehr kann, die er am Vortag noch alle wusste – er hat sich eben zu früh abfragen lassen.

Dieses Basisprogramm kostet übrigens wirklich nicht mehr Zeit als du jetzt schon für das Vokabellernen aufbringen musst. Die Zeit wird nur anders verteilt. Auf Dauer sparst du sogar Zeit, weil du erfolgreicher lernst und nicht so viel Zeit für die Wiederholung brauchst.

In diesem Band geht es ja um Latein. Aber vielleicht helfen dir später einmal diese Hinweise zum Vokabellernen auch für andere Fremdsprachen:

Je nach Fremdsprache gibt es natürlich Besonderheiten zu berücksichtigen. In Englisch und Französisch muss man vor allem auf Aussprache und Schreibung achten und bei den unregelmäßigen Verben die Stammformen dazulernen. In Latein sind Schreibweise und Aussprache meist kein Problem; allerdings muss man bei jedem Verbum die Stammformen und bei Substantiven bzw. Adjektiven die Unregelmäßigkeiten der Endungen dazulernen. Gerade in Latein empfiehlt es sich, das Wörterlernen mit Konjugations- und Deklinationsübungen zu den neuen Wörtern zu verbinden.

Wenn du so verfährst wie oben beschrieben, wirst du sicher bald mit den allermeisten Vokabeln keine Probleme mehr haben!

mentor Lernhilfe

Latein

ab 2. Lernjahr

Grammatik:
Formen und Strukturen
erkennen und übersetzen

Boris Prem
Christine Prem

Lösungsteil

(an der Perforation heraustrennen)

In Zusammenarbeit
mit Langenscheidt

Eine Klasse besser.

brevi tempore
bella atrocia
odium immortale
agrum communem

hominum crudelium
arma vetera
cibos dulces
cum amico divite

Vortest A 1
S. 7

a) Adjektive der Mischklasse

Übung A 1
S. 8

1. Dreiendige Adjektive:

Nom. Sing.	Maskulinum	Feminum	Neutrum
	gladius acer	*pugna acris*	*ingenium acre*
	scharfes Schwert	heftiger Kampf	hitziges Gemüt

		Maskulinum	Femininum	Neutrum
Sing.	Nom.	gladius acer	pugna acris	ingenium acre
	Gen.	gladii acris	pugnae acris	ingenii acris
	Dat.	gladio acri	pugnae acri	ingenio acri
	Akk.	gladium acrem	pugnam acrem	ingenium acre
	Abl.	gladio acri	pugna acri	ingenio acri
Pl.	Nom.	gladii acres	pugnae acres	ingenia acria
	Gen.	gladiorum acrium	pugnarum acrium	ingeniorum acrium
	Dat.	gladiis acribus	pugnis acribus	ingeniis acribus
	Akk.	gladios acres	pugnas acres	ingenia acria
	Abl.	gladiis acribus	pugnis acribus	ingeniis acribus

2. Zweiendige Adjektive:

Nom. Sing.	Maskulinum	Feminum	Neutrum
	miles gravis	*tempestas gravis*	*vulnus grave*
	schwer bewaffneter Soldat	gewaltiges Unwetter	schwere Wunde

		Maskulinum	Femininum	Neutrum
Sing.	Nom.	miles gravis	tempestas gravis	vulnus grave
	Gen.	militis gravis	tempestatis gravis	vulneris gravis
	Dat.	militi gravi	tempestati gravi	vulneri gravi
	Akk.	militem gravem	tempestatem gravem	vulnus grave
	Abl.	milite gravi	tempestate gravi	vulnere gravi

Die Pluralformen vergleichst du einfach mit den Endungen von *acer, acris, acre*.

3. Einendige Adjektive:

Nom. Sing.	Maskulinum	Feminum	Neutrum
	campus ingens	*pecunia ingens*	*corpus ingens*
	riesiges Feld	enorme Geldsumme	gewaltiger Körper

		Maskulinum	Femininum	Neutrum
Sing.	Nom.	campus ingens	pecunia ingens	corpus ingens
	Gen.	campi ingentis	pecuniae ingentis	corporis ingentis

Vergleiche auch hier deine Lösungen mit *acer, acris, acre*.

b)

Nom. Sing.	Maskulinum	Feminum	Neutrum
	vir vetus	*femina vetus*	*consilium vetus*
	alter Mann	alte Frau	alter Plan

		Maskulinum	Femininum	Neutrum
Sing.	Nom.	vir vetus	femina vetus	consilium vetus
	Gen.	viri veteris	feminae veteris	consilii veteris
	Dat.	viro veteri	feminae veteri	consilio veteri
	Akk.	virum veterem	feminam veterem	consilium vetus
	Abl.	viro vetere	femina vetere	consilio vetere
Pl.	Nom.	viri veteres	feminae veteres	consilia vetera
	Gen.	virorum veterum	feminarum veterum	consiliorum veterum
	Dat.	viris veteribus	feminis veteribus	consiliis veteribus
	Akk.	viros veteres	feminas veteres	consilia vetera
	Abl.	viris veteribus	feminis veteribus	consiliis veteribus

① Nominativ ② Singular

	Maskulinum	Femininum	Neutrum	Endigkeit
immanis (gewaltig)	immanis	immanis	immane	2-endig
celer (schnell)	celer	celeris	celere	3-endig
audax (wagemutig)	audax	audax	audax	1-endig

① Nominativ ② Singular

① heftiger Kampf ② des scharfen Schwertes ③ des heftigen Kampfes ④ des scharfen Verstandes ⑤ der schwer bewaffnete Soldat ⑥ Dativ ⑦ den guten Männern ⑧ den guten Frauen ⑨ den guten Gedichten ⑩ Ablativ ⑪ mit guten Männern ⑫ mit guten Frauen ⑬ mit guten Gedichten ⑭ elf ⑮ Dativ ⑯ dem scharfen Schwert ⑰ dem heftigen Sturm ⑱ dem scharfen Verstand ⑲ Ablativ ⑳ durch das scharfe Schwert ㉑ durch den heftigen Sturm ㉒ durch den scharfen Verstand ㉓ Genitiv ㉔ des guten Mannes ㉕ des guten Gedichtes ㉖ Nominativ ㉗ die guten Männer ㉘ neun ㉙ Nominativ ㉚ der scharfe Verstand ㉛ das edle Gemüt ㉜ Akkusativ ㉝ der scharfe Verstand ㉞ das edle Gemüt ㉟ Ablativ ㊱ mit dem alten Mann ㊲ mit der alten Frau ㊳ mit dem alten Plan ㊴ fünf

a)

Übung A 3
S. 14

1. communis – Vor dem Kampf rufen die Priester den Namen Jupiters, des gemeinsamen Gottes, an.
2. Immanis – Eine riesige Menge umsteht die Drillingsbrüder.
3. feroces – Die wilden jungen Männer treten in die Mitte zwischen die beiden Schlachtreihen.
4. infestis – Ein Zeichen wird gegeben, und die jungen Männer laufen mit kampfbereiten Waffen aufeinander zu.
5. magnis – Durch laute Rufe der Heere werden die jungen Männer zum Kampf angefeuert.
6. acris – Der Kampf ist heftig.
7. innumerabiles – Die zahllosen Zuschauer erfasst gewaltiger Schrecken.
8. mirabiles – Sie sehen nicht nur die bewundernswerten Bewegungen der Körper der jungen Männer, sondern plötzlich auch Blut.

A

b)

1. vulnerati – Zwei der Römer sind getötet worden, drei von den Albanern sind verwundet worden.
2. incolumis – Der dritte Horatier aber ist unversehrt.
3. incolumi – Die Römer verzweifeln schon: Werden drei Verwundete *einem* Unversehrten gewachsen sein?
4. mirabili – Sie versuchen den Horatier zu töten, aber er flieht mit bewundernswerter Schnelligkeit.
5. celeri – Bald nähert sich der erste Curiatier mit schnellem Fuß dem Horatier.
6. audaci – Umsonst ermahnen die Albaner die übrigen Curiatier: Helft dem tollkühnen Bruder!
7. fortis – Der tapfere Römer tötet ihn.
8. forti – Schon ist der zweite Curiatier von dem tapferen Römer nicht fern.
9. gravi – Der Horatier tötet auch den zweiten Curiatier mit einem wuchtigen Schlag.
10. Duplici – Durch den doppelten Sieg ermutigt, tritt er zum letzten Gefecht an.

c)

1. turpi – Der dritte Curiatier ist durch die schändliche Wunde erschöpft.
2. grave – Die schwere Waffe kann er kaum tragen.
3. incredibili – Seinen Körper trägt er unter unglaublicher Anstrengung zu dem Römer.
4. atroci – Durch die schreckliche Niederlage seiner Brüder ist er schon vor dem Kampf besiegt.
5. ingenti, vile, nobili – Der Römer ruft mit ungeheurer Stimme: „Ich werde dich als unbedeutendes Opfer deinen Brüdern hinzufügen. Nun werden die Römer dem vornehmen Volksstamm der Albaner gebieten."
6. vetere, Levi – Der Horatier kämpft gleichsam mit einem alten Soldaten. Durch einen leichten Schlag tötet er ihn.
7. divite – Die Römer bemächtigen sich des reichen Landes der Albaner.

Vortest A 2
S. 15

Nur *hodie, iuste, raro, frustra* und *mox* sind **Adverbien**.
paupere ist der Ablativ des Adjektivs *pauper, pauperis* – arm,
simile kommt von *similis, simile* – ähnlich,
nobile kommt von *nobilis, nobile* – edel, vornehm.

Lückentext
S. 16

① Präposition ② Artikel ③ Substantiv ④ Adverb ⑤ iustus ⑥ a ⑦ um ⑧ gerecht ⑨ Wie? ⑩ *e* ⑪ *e* ⑫ in ⑬ Weise

a)
1. *celeber, celebris, celebre* – viel besucht, belebt, gefeiert – Marius betritt das viel besuchte Gebäude. Sofort sieht er Sabrina.
2. Er kann die Waffen kaum tragen.
3. *muliebris, muliebre* – weiblich – Den weiblichen Körper Sabrinas bewundert er.
4. *assiduus, assidua, assiduum* – unablässig – Er umkreist Sabrina unablässig.
5. *omnis, omne* – all, ganz, jeder – Er liebt sie mehr als alles Geld der Welt.
6. *fortis, forte* – stark, tapfer – Marius' Herz aber ist nicht tapfer.
7. *incredibilis, incredibile* – unglaublich – Dennoch ruft er schließlich das unglaubliche Wort: „Tanzt du mit mir?"
8. *superbus, superba, superbum* – hochmütig, stolz – Sabrina schickt Marius hochmütig weg.

b)
1. Nun nähert sich Dominik der Sabrina.
2. *humilis, humile* – niedrig, unbedeutend – Der Apex berührt beinahe das niedrige Dach der Diskothek.
3. *rudis, rude* – roh, ungeschickt – Der Körper Dominiks ist ungeschickt. Sabrina gefällt er nicht.
4. *cupidus, cupida, cupidum* – begierig – Sofort befiehlt er Sabrina begierig: „Tanz mit mir!"
5. *ingens, ingentis* – gewaltig, riesig – Mit seiner riesigen Hand umfasst er das Mädchen. Sabrina kann sich nicht befreien.
6. *durus, dura, durum* – hart – Durch die Gewalt des Menschen wird sie hart misshandelt.
7. *terribilis, terribile* – schrecklich – Schrecklicher Hass erfasst Sabrina.
8. *horribilis, horribile* – schauerlich, schrecklich – Sie denkt bei sich: „Er ist ein schauerliches Ungeheuer."
9. *vetus, veteris* – alt – Dominik will Sabrina mit einer alten Rose erfreuen.
10. *turpis, turpe* – hässlich, schändlich – Sabrina nimmt das schändliche Geschenk nicht an.

c)
1. Schließlich wird Alexius von der Schönheit Sabrinas angelockt.
2. *brevis, breve* – kurz; *honestus, honesta, honestum* – geehrt, ehrenhaft, schicklich – Nach einem kurzen Schweigen fragt er sie schicklich: „Bist du bereit mit mir zu tanzen?"
3. *pulcher, pulchra, pulchrum* – schön – Alexius tanzt schön.
4. *decorus, decora, decorum* – schicklich, geziemend – Das Ancile bewegt er geziemend.
5. *mollis, molle* – weich; *tener, tenera, tenerum* – zart – Den weichen Hals Sabrinas ergreift er mit zarten Fingern.
6. *qualis, quale* – wie beschaffen? was für einer? – Sabrina denkt bei sich: „Was für eine Wohltat ist es, mit Alexius zu tanzen!"
7. *dulcis, dulce* – süß – Nach dem Tanz reicht Alexius Sabrina süßen Wein.
8. *pulcher, pulchra, pulchrum* – schön – Sabrina spricht bis heute schön von Alexius.

dubius	Pos. Adj.	audaciter	Pos. Adv.
nobilissimis	Sup. Adj.	acerrime	Sup. Adv.
celerius	Komp. Adj. (beim Neutrum)/ Komp. Adv.	pulchrius	Komp. Adj. (beim Neutrum)/ Komp. Adv.
velociter	Pos. Adv.	peioribus	Komp. Adj.
varius	Pos. Adj.	lente	Pos. Adv.

①Positiv ②Komparativ ③-ior ④dritten ⑤-ius

Lückentext
S. 20
Übung A 5
S. 21

	Vergleichsstufe	Übersetzung
2. tectum alt ius	Komparativ	höheres Dach
3. poeta egreg ius	Positiv	hervorragender Dichter
4. iter angust ius	Komparativ	engerer Weg
5. cibus necessar ius	Positiv	notwendige Nahrung
6. senex p ius	Positiv	frommer Greis

①comparare ②vergleichen

Lückentext
S. 21
Übung A 6
S. 21

1. Der Greis ist weiser als der junge Mann. Aber:
2. Der Greis ist ziemlich weise.
   (In Satz 2 ist kein Vergleichsglied vorhanden. Du kannst also hier nicht mit dem Komparativ übersetzen, sondern du wählst die Übersetzung mit *ziemlich*.)
3. Die Schildkröte ist schneller als Achilles. Aber:
4. Die Schildkröte ist ziemlich schnell.
   (Auch hier fehlt das Vergleichsglied. Du übersetzt wieder mit Positiv + *ziemlich*.)

A

①*a-/o* ②Elativ

Lückentext
S. 21/22
Übung A 7
S. 22

1. Das Dach unseres Hauses ist das höchste der Stadt.
2. Das Dach ist äußerst hoch.
   (In diesem Satz ist wieder keine Vergleichsgröße gegeben. Du musst den Superlativ also als **Elativ** übersetzen.)
3. Stephan ist der schlauste aller Schüler. Aber:
4. Stephan ist äußerst schlau.
   (Sicher hast du gleich bemerkt, dass auch hier wieder das Vergleichsglied fehlt. Der Superlativ wird als **Elativ** übersetzt.)

1. Egreg ius rex regnat. 2. Rex iust ius regnat. 3. Rex regnum iust ius tenet.

Übung A 8
S. 22
Lückentext
S. 22/23

① *ius* ② Akkusativ ③ *ius* ④ *ius* ⑤ Adverb ⑥ dritten ⑦ Der König regiert klug ⑧ *e* ⑨ *e* ⑩ gerechtesten ⑪ gerechtester ⑫ Zweig eines Ölbaums

a)

Übung A 9
S. 24

1. Sven ist ein hervorragender Läufer. Er läuft schneller als Heiko. Er läuft äußerst schnell. Heiko bewundert den schnelleren/ziemlich schnellen Oberschenkel Svens.
2. Heiko ist ein langsamerer/ziemlich langsamer Läufer. Der Oberschenkel Heikos ist schwächer/ziemlich schwach. Er läuft langsamer als Sven.
3. Heiko ist ein hervorragender Boxer. Er boxt (kämpft) besser als Sven. Er boxt äußerst gut. Sven bewundert den stärkeren/ziemlich starken Arm Heikos.
4. Sven ist ein schlechterer/ziemlich schlechter Boxer. Der Arm Svens ist schwächer/ziemlich schwach. Er boxt schlechter als Heiko.
5. Heiko ist ein hervorragender Ringer. Er ringt tapferer als Sven. Er ringt äußerst tapfer. Sven bewundert den biegsameren/ziemlich biegsamen Körper Heikos.
6. Sven ist ein feigerer/ziemlich feiger Ringer. Der Körper Svens ist träger/ziemlich träge. Er ringt feiger als Heiko.

b)
Heiko   Sven   Heikoni
Heiko war öfter als Sven Sieger. Also wird der Ölbaumzweig Heiko gegeben.

a)

1. Lydia liest klug. Tanja liest klüger als Lydia. Natascha liest am klügsten.
2. Lydia liest langsam. Natascha liest schneller als Lydia. Tanja liest am schnellsten.
3. Natascha macht häufig einen Fehler. Tanja macht häufiger einen Fehler als Natascha. Lydia macht am häufigsten einen Fehler.

b)

1. Lydia – *corona selini*   2. Tanja – *corona laurea*   3. Natascha – *corona pinea*

A + B   Lösungen Kapitel B _____

Si idem homo idem flumen iterum intrat, non iam est idem. – Wenn derselbe Mensch denselben Fluss ein zweites Mal betritt, ist er nicht mehr derselbe.
Nosce te ipsum! – Erkenne dich selbst!
Ista quidem vis est. – Dies/Das ist ja Gewalt.
Philosophi quidam fabis abstinent. – Einige/Gewisse Philosophen essen keine Bohnen.

① Substantive ② Nur bei *quidam, quaedam, quoddam/quiddam* handelt es sich um ein **Indefinitpronomen**. Die anderen drei Pronomen sind **Demonstrativa**.

1. ipse – Hast etwa du selbst diese Gewänder da angefertigt?
   So ist es. Nicht der Schneider hat die Gewänder angefertigt, ich selbst habe sie angefertigt.
2. isti, ipso, ipso – Sind diese Schuhe da etwa von dir selbst angefertigt worden?
   So ist es. Sie sind nicht vom Schuster angefertigt worden, sondern von mir selbst.
3. istum – Hast du etwa diesen Ring da durch (die Geschicklichkeit deiner selbst =) deine eigene Geschicklichkeit angefertigt?
   So ist es. Nicht der Schmied hat den Ring angefertigt, sondern ich habe ihn durch meine Geschicklichkeit angefertigt.
4. ipsum – Oh bester Hippias, es sei erlaubt zu scherzen! Hast du etwa auch dich selbst erschaffen?
   So ist es nicht, Freunde! Ein anderer hat mich geschaffen. Entweder Gott oder die Natur hat mich geschaffen.
5. ista, ipsum – Hat etwa nicht die Muse dich diese Lieder da gelehrt, die du singst?
   So ist es nicht. Die Naturanlage selbst hat mich die Lieder gelehrt.
6. istam, ipsa – Hat etwa nicht Minerva dir diese Weisheit geschenkt, durch die du die übrigen Menschen übertriffst?
   So ist es nicht. Die Natur selbst hat mir die Weisheit geschenkt.

① Der Lehrer selbst (höchstpersönlich) lobt den Schüler. ② Derselbe Lehrer lobt den Schüler. ③ *Ipse* ④ *Idem*

		Übung B 2 S. 30

Habrotonon: Oh erbärmlichster Junge! Wann wirst du deine Mutter sehen? – Teure Frau! Bleib an derselben Stelle!

Pamphile: Rufst du mich selbst?

Habrotonon: So ist es. Schau mich an! Bin ich dir etwa nicht bekannt? – Ich irre mich nicht. Sie selbst ist es, die ich auf dem Tauropolienfest gesehen habe.

Pamphile: Wer aber bist du?

Habrotonon: Ich bin dieselbe, die dich einst auf dem Tauropolienfest bewunderte. Gib mir deine Rechte! Sag mir, Süße! Wann warst du auf dem Tauropolienfest?

Pamphile: Im vorigen Jahr. Warum fragst du?

Habrotonon: In demselben Jahr war auch ich selbst auf dem Tauropolienfest.

Pamphile: Frau, sprich! Woher hast du den Jungen?

Habrotonon: Ist dir der Junge bekannt? Sprich frei heraus! Fürchte mich nicht!

Pamphile: Die Augen sind dieselben wie die traurigen Augen meines Jungen. Oh ich Elende, warum habe ich meinen Jungen ausgesetzt! – Haben etwa nicht die Götter selbst dir den Jungen geschenkt? Bist etwa nicht *du* die Mutter?

Habrotonon: Ich habe die Mutter gespielt. Nicht damit die Mutter betrübt ist, sondern damit sie erfreut wird. Vielleicht habe ich nicht nur dieselbe vor meinen Augen, die ich einst bewundert habe, sondern auch die, von der selbst/persönlich der Junge hervorgebracht wurde. Bist nicht du die Frau, die in diesem Haus da wohnt?

Pamphile: So ist es/Doch. Wer aber ist der Vater des Jungen?

Habrotonon: Charisios.

Pamphile: Oh Geliebteste! Er selbst/persönlich ist mein Mann.

Habrotonon: Oh glückliche Herrin, von den Göttern selbst wirst du geliebt!

Übung B 3
S. 31

1. Die Aqua Appia ist klar. Der Ursprung der Aqua Appia ist im Tal des Anio.
2. Die Aqua Marcia ist ebenso klar wie die Aqua Appia. Daher wird die Aqua Marcia ebenso von den Römern geliebt wie die Aqua Appia. Die Aqua Marcia hat denselben Ursprung wie die Aqua Appia. Beide Aquae haben im Tal des Anio ihren Ursprung.
3. Die Aqua Tepula ist nicht ebenso klar wie die Aqua Appia. Daher wird die Aqua Tepula von den Römern weniger geliebt als die Aqua Appia. Die Aqua Tepula hat einen anderen Ursprung als die Aqua Appia. Die Aqua Appia hat ihren Ursprung im Tal des Anio, die Aqua Tepula beim Albanerberg.

Übung B 4
S. 31

1. Aqua Virgo item lucet ut aqua Appia.
2. Itaque aqua Virgo item a Romanis amatur ut aqua Appia.
3. Aquae Virgini idem ortus est atque aquae Appiae.
4. Utraque aqua in valle Anionis ortum habet.

Übung B 5
S. 32

Quidam ist → Negation + Partikel und bedeutet → gewiss, wenigstens, zwar, frelich

quidem ist → Indefinitpronomen und bedeutet → nicht einmal

ne ... quidem ist → Partikel und bedeutet → ein gewisser

B

Übung B 6
S. 32

1. Gewisse/Einige Dichter nennen ihn König der Tiere. Die meiste Zeit freilich herrscht er nicht, sondern er wird vom Schlaf bezwungen. Was ist das?
   Antwort: *der Löwe.*
2. Ein gewisses Tier, das fliegt. In gewisser Weise ist es unter der Herrschaft einer Königin. Nicht einmal den Göttern ist eine süßere Speise bekannt. Nimm dich in Acht, dass dich das nützliche Tier nicht in seinem Zorn beißt! Was ist das?
   Antwort: *die Biene.*
3. Ein gewisses Tier, das Blut trinkt. Tags ist es zwar ruhig und wird kaum gesehen. Nachts aber nähert es sich mit einer gewissen schauerlichen Stimme dem Menschen, um ihn zu beißen. Was ist das?
   Antwort: *die Stechmücke.*
4. Ein gewisses Kleinvieh, das dem Menschen Wolle gibt. Welchem Lebewesen ist der Friede willkommener? Es leistet nicht einmal Widerstand, wenn es getötet wird. Ein bescheidener Mensch, der Gott gehorcht, wird mit diesem Tier verglichen. Was ist das?
   Antwort: *das Schaf.*

Vortest B 2
S. 33

Ein Mensch, <u>der niemals irrt</u>, ist kein Mensch. ⟶ Kausalsatz
<u>Was Jupiter erlaubt ist</u>, ist nicht dem Rind erlaubt. ⟶ Hauptsatz
<u>Was ich geschrieben habe</u>, habe ich geschrieben. ⟶ Relativsatz als Subjekt
Ich bin traurig, <u>weil der Himmel traurig ist</u>. ⟶ Relativsatz als Objekt
Die Augen sind das schärfste Sinnesorgan an uns; ⟶ Relativsatz als Attribut
<u>Gott (aber) sehen wir mit diesen nicht</u>.

Lückentext
S. 33

① Substantive ② Ende ③ Schnur ④ Attribute ⑤ Genitiv ⑥ Relativpronomen
⑦ Relativsatz ⑧ Attribute

Übung B 7
S. 35

1. …, <u>quae templum Vestae servabant</u>, … – Die Mädchen, die den Tempel der Vesta bewachten, wurden Vestalinnen genannt.
2. …, <u>cui maxima virtus erat</u>, … – Amata, welche die größte charakterliche Vollkommenheit besaß, war die erste Vestalin.

Übung B 8
S. 35

	Kasus	Numerus	Genus
Puellae	Nominativ	Plural	Femininum
quae	Nominativ	Plural	Femininum
Amata	Nominativ	Singular	Femininum
cui	Dativ	Singular	Femininum

Numerus – Genus – Kasus

a)

Übung B 9
S. 36

1. quam – Amata, die ein Mann nicht liebt/die kein Mann liebt, ist nicht betrübt.
2. cuius – Von der Göttin Vesta, deren heilige Flamme sie bewacht, wird sie geliebt.
3. qui – Die Römer, die sie sehen, grüßen sie mit höchster Ehrerbietung.

b)

1. quo – Die Vestalinnen wohnen nicht in dem Rundtempel, in dem das Standbild der Vesta steht.
2. quo – Das Atrium der Vesta, in dem Amata wohnt, befindet sich neben dem Tempel.

Lückentext
S. 36

① Derjenigen, deren Körper nicht gesund war, war es nicht erlaubt, Vestalin zu sein./Wessen Körper nicht gesund war, war es nicht erlaubt, Vestalin zu sein.

1. Ei – Derjenigen, die keine Mutter hatte, war es nicht erlaubt, Vestalin zu sein.
2. Ei – Derjenigen, deren Vater tot war, war es nicht erlaubt, Vestalin zu sein.
3. Eam – Diejenige, deren Vater Sklave war, verschmähte Vesta.
4. Eam – Diejenige, die die Römer nicht grüßten, verschmähte Vesta.
5. Ea – Diejenige, von der die Keuschheit nicht bewahrt wurde, wurde vom Tarpeischen Felsen herabgestürzt.

Übung B 10
S. 37

① Attributs ② Subjekts ③ weil

1. Canthara begrüßen die Römer nicht, weil sie ein einfaches Mädchen ist.
2. Vestalin kann sie nicht werden, weil ihr Vater Sklave ist.
3. Sie hofft nicht dasselbe, was die ehrbaren Mädchen hoffen.
4. Sie ist zufrieden, weil es ihr meistens erlaubt ist, in Ruhe zu arbeiten, und sie selten von ihrer Herrin geschlagen wird.

Lückentext
S. 38
Übung B 11
S. 38

B

① Demonstrativ ② *hic, haec, hoc*

1. Amata bewahrte ihre Keuschheit.
   Hanc – Diese (aber) bewahrte Aurelia nicht.
2. Aurelia ist vom Tarpeischen Felsen hinabgestürzt worden.
   hoc – Von diesem (aber) ist Amata nicht hinabgestürzt worden.

Lückentext
S. 38
Übung B 12
S. 38

① weil

Pius: Aurelia ist nicht umgekommen. Es ist ein Wunder.

Iustus: Was nicht geschehen kann, geschieht nicht. Es ist kein Wunder.

Pius: Weil die Götter Aurelia lieben, ist sie nicht umgekommen. Die Götter lieben diese, weil sie unschuldig ist.

Severus: Wenn diese unschuldig wäre, hätten die Götter sofort Hilfe gewährt. Sie ist nicht unschuldig.

Pius: Durch die Vorsehung der Götter ist Aurelia gerettet worden.

Iustus: Sie ist nicht durch die Vorsehung der Götter, sondern durch Zufall gerettet worden. Der Tarpeische Felsen ist allzu niedrig. Dieser hätte um einiges höher sein müssen.

Pius: Er ist hoch genug. Wen die Götter töten wollen, der wird durch den Tarpeischen Felsen umkommen.

Iustus: Die Unsterblichen aber kümmern sich um die menschlichen Angelegenheiten überhaupt nicht.

Severus: Wenn sie sich um diese kümmern würden, dann würden sie sich (dennoch) nicht um Aurelia kümmern, weil sie gottlos ist. Wenn diese durch die Vorsehung der Götter gerettet worden ist, ist sie gerettet worden, damit sie grausamer umkommt.

Pius: Außerdem ist sie gerettet worden, weil sie die Götter beim Herabspringen angerufen hat. Wer die Götter anruft, ist ein frommes Mädchen.

Iustus: Nein im Gegenteil, sie ist gottlos, weil sie die Götter anzurufen wagte.

Pius: Aurelias Körper ist nicht zerstört. Was nicht zerstört werden kann, ist heilig.

Iustus: Weil er nicht umkommen kann, glaubst du, dass Aurelias Körper heilig ist? Du irrst! Dieser (nämlich) ist nicht zerstört worden, weil er mit Zaubertränken voll war.

Severus: Sei es, dass sie durch Zaubertränke unversehrt ist, sei es, dass sie durch die Kraft der Götter unversehrt ist. Sie ist in den Tempel zurückgekehrt. Was den Göttern das Heiligste ist, hat sie durch ihre Berührung besudelt. Aus diesem Grund soll sie ein zweites Mal von dem Felsen gestürzt werden.

Lückentext
S. 39
Übung B 13
S. 39

Lösungen Kapitel C

Vortest C 1
S. 40

Der Arzt soll den kranken Nachbarn behandeln! —————→ Hortativ
Möchten die Götter doch den Nachbarn heilen! ———→ Jussiv
Lasst uns den Göttern opfern! —————————————→ Potentialis
Wer wird sich wohl über die Götter lustig machen, auf
deren Befehl wir entweder gesund oder krank sind? ——→ Optativ

Lückentext
S. 40

① Konjunktivitis ist tatsächlich die medizinische Bezeichnung für eine Bindehaut-entzündung des Auges! ② mögen

Übung C 1
S. 41

a), b)

Konj. Präs. Akt.		Ind. Präs. Akt.	
laud em	ich möge loben	mon eo	ich mahne
laud es	du mögest loben	mon es	du mahnst
laud et	er möge loben	mon et	er mahnt
laud emus	wir mögen loben	mon emus	wir mahnen
laud etis	ihr möget loben	mon etis	ihr mahnt
laud ent	sie mögen loben	mon ent	sie mahnen

Übung C 2
S. 41

laud-e-**m**   ich lob-e
laud-e-**s**   du lob-e-st
laud-e-**t**   er lob-e
laud-e-**mus**   wir lob-e-n
laud-e-**tis**   ihr lob-e-t
laud-e-**nt**   sie lob-e-n

Lückentext
S. 42

① e ② 1. ③ 3. ④ Die Sklaven mögen sofort auf die Tenne eilen. Das Getreide mögen sie mit Stöcken dreschen. ⑤ Die beiden Aufforderungen lassen sich mit dem „noblen" Konjunktiv nur uneindeutig übersetzen. (Denn hier sind die Formen des „noblen" Konjunktivs wieder mal mit den Indikativformen identisch!) ⑥ sollen ⑦ 3. ⑧ Jussiv ⑨ Jussiv ⑩ iubere ⑪ befehlen ⑫ Jussiv ⑬ sollen

Übung C 3
S. 44

Avus clamat:
Tempestas imminet. caelum nubibus non caret. focus non ardet. canis non tacet. Stachys canem <u>captet</u>. equus non valet. Stachys equum <u>curet</u>. mus in stramento latet. Stachys stramentum <u>exploret</u>. murem <u>fuget</u>. apis in alvario manet. Stachys hostiam <u>immolet</u>. Stachys serius <u>cenet</u>. Stachys stillicidium <u>purget</u>.
(Wenn du dir alle Konjunktivformen in diesem Text nochmal anschaust, kannst du folgende Beobachtung machen: Alle Verben, die sich auf Stachys beziehen, stehen im **Konjunktiv**. Das ist ja auch ganz klar, denn es handelt sich jeweils um den **Jussiv**! Die anderen Verben geben einfach **Feststellungen** an und stehen deshalb im **Indikativ**.)
Übersetzung:
Der Großvater ruft:
Ein Gewitter droht. Der Himmel entbehrt nicht der Wolken. Der Herd brennt nicht. Der Hund schweigt nicht. Stachys soll den Hund fangen. Das Pferd ist nicht gesund. Stachys soll das Pferd behandeln. Die Maus ist im Stroh verborgen. Stachys soll das Stroh untersuchen. Er soll die Maus vertreiben. Die Biene bleibt im Bienenkorb. Stachys soll ein Opfer darbringen. Stachys soll später essen. Stachys soll die Dachrinne reinigen.

C

① Wenn Fabius Stachys, einige Sklaven und sich selbst zur Arbeit bewegen will, richtet er sich an die 1. Person Plural.
(Wichtig ist in diesem Fall, dass Fabius sich selbst in die Aufforderung oder Ermunterung mit einschließt.)
② Hortativ ③ Hortativ ④ Hortativ

Lückentext
S. 44

2. Equum curemus! = Lasst uns das Pferd behandeln!
3. Stramentum exploremus! = Lasst uns das Stroh untersuchen!
4. Murem fugemus! = Lasst uns die Maus vertreiben!
5. Iovi immolemus! = Lasst uns Jupiter opfern!
6. Serius cenemus! = Lasst uns später essen!

Übung C 4
S. 44

① Potentialis ② Um den lateinischen Satz *Stillicidium imbre abundet.* korrekt zu übersetzen, kannst du eine dieser Möglichkeiten wählen: Die Dachrinne wird wohl vom Regenwasser überfließen./Die Dachrinne dürfte vom Regenwasser überfließen./Die Dachrinne könnte vom Regenwasser überfließen. (Die übrigen Übersetzungsvorschläge geben den Konjunktiv nicht wieder, sie behaupten bestimmt.)

Lückentext
S. 45

C

1. Der Wind wird wohl/dürfte/könnte das Dach seiner Ziegel berauben.
2. Der Hagel wird wohl/dürfte/könnte das Getreide auf der Tenne verwüsten.
3. Der Donner wird wohl/dürfte/könnte das Vieh erschrecken.
4. Der Blitz wird wohl/dürfte/könnte die Scheune durch Brand zerstören.

Übung C 5
S. 46

① 3. ② 1. ③ Plural

Lückentext
S. 46

2. Du wirst die Dachrinne wohl reinigen. 3. Er wird die Dachrinne wohl reinigen.

Übung C 6
S. 46

① Optativs ② Optativ ③ Optativ ④ wünschen ⑤ Mögen uns die Götter gewogen sein/begünstigen! / Möchten uns die Götter gewogen sein/begünstigen! / Dass uns die Götter doch gewogen sind/begünstigen!
(Die beiden letzten Übersetzungvorschläge geben den Satz nicht richtig wieder, denn sie schließen aus, dass der Wunsch in Erfüllung gehen kann. Siehe dazu das Kapitel zum Konjunktiv als unerfüllbar gedachter Wunsch.)

Lückentext
S. 47

1. (Utinam) Ceres ⟶ grandinem a vitibus arceat!
2. (Utinam) Bacchus ⟶ iram suam placet!
3. (Utinam) Iupiter ⟶ horreum servet!

Übung C 7
S. 48

1. Möchte Ceres die Scheune bewahren!
2. Möchte Bacchus den Hagel von den Weinreben fern halten!
3. Möchte Jupiter seinen Zorn besänftigen!

① 3. ② 1. ③ Hortativ

Lückentext
S. 49
Übung C 8
S. 49

a), b)

Ind. Präs. Akt.	Konj. Präs. Akt.	Ind. Fut. Akt.
von *monere*	von *laudare*	von *dicere*
moneo	laudem	dicam
mones	laudes	dices
monet	laudet	dicet
monemus	laudemus	dicemus
monetis	laudetis	dicetis
monent	laudent	dicent

Ind. Präs.	Konj. Präs.	Ind. Fut.
censes du schätzt ein	*erres* du mögest irren	*emes* du wirst kaufen
augentur sie werden vermehrt	*revocentur* sie mögen zurückgerufen werden	*ducentur* sie werden geführt werden
eminetis ihr ragt hervor	*emendetis* ihr möget verbessern	*dicetis* ihr werdet sagen
latemus wir sind verborgen	*narremus* wir mögen erzählen	*agemus* wir werden handeln
urget er drängt	*ululet* er möge heulen	*teget* er wird bedecken
mordentur sie werden gebissen	*mandentur* sie mögen anvertraut werden	*urentur* sie werden verbrennen
sustinetur er wird ertragen	*raptetur* er möge geraubt werden	*reddetur* er wird zurückgegeben werden

Caelum serenum reddatur. – Der heitere Himmel möge zurückgegeben werden!

Vicinus cervisiam potat,
ut tristitia liberetur.
(Der Nachbar trinkt Bier, um von
Traurigkeit befreit zu werden.)

Si minus cervisiae potaret,
diutius inter vivos maneret.
(Wenn er weniger Bier trinken würde,
bliebe er länger unter den Lebenden.)

Vicinus tantum cervisiae potabat,
ut iecur suum deleret.
(Der Nachbar trank so viel Bier,
dass er seine Leber zerstörte.)

(Utinam) vicinus hunc
diem sanus videret!
(Sähe der Nachbar diesen
Tag doch als Gesunder!)

(Utinam) valetudinem suam
diligentius curavisset!
(Hätte er sich um seine Gesundheit
doch gewissenhafter gekümmert!)

Quotiens vicina vicinum implorabat,
ne tantum cervisiae potaret!
(Wie oft flehte die Nachbarin den
Nachbarn an, dass er nicht so viel
Bier trinkt!)

Konsekutivsatz

Begehrsatz

Optativ: als unerfüllbar gedachter
Wunsch für die Gegenwart

Irrealis der Gegenwart

Absichtssatz

Optativ: als unerfüllbar gedachter
Wunsch für die Vergangenheit

1. *(Utinam) donum birotula nova esset!*
Wäre das Geschenk doch ein neues Fahrrad!
(Aber es ist kein neues Fahrrad.)

als **erfüllbar** gedachter Wunsch für die **Gegenwart**

Übung C 10
S. 52

2. *(Utinam) donum birotula nova sit!*
Möchte das Geschenk doch ein neues Fahrrad sein!
(Und vielleicht ist es das auch.)

als **nicht erfüllbar** gedachter Wunsch für die **Vergangenheit**

3. *(Utinam) donum birotula nova fuisset!*
Wäre das Geschenk doch ein neues Fahrrad gewesen!
(Aber es war keines.)

als **nicht erfüllbar** gedachter Wunsch für die **Gegenwart**

C

① Präsens ② Imperfekt ③ Plusquamperfekt

Lückentext
S. 52

1. Wenn das Geschenk doch ein neues Fahrrad ist!
(Hier steht der Konjunktiv Imperfekt von *esse* für die 3. Person Sg.: *esset*. Es wird also ein als nicht erfüllbar gedachter Wunsch für die Gegenwart geäußert.)

Übung C 11
S. 52

2. Möchte das Geschenk ein neues Fahrrad gewesen sein!
(Hier handelt es sich um einen als unerfüllbar gedachten Wunsch für die Vergangenheit. Er wird durch *fuisset* (3. Pers. Sg. Konj. Plusq. Akt. von *esse*) ausgedrückt.)

1. Hätten wir doch die Dachrinne gereinigt!
2. Hätte doch der Hagel das Getreide auf der Tenne nicht verwüstet!
3. Wäre doch das Vieh bis heute gesund!
4. Wäre doch die Scheune bis heute unbeschädigt!

Übung C 12
S. 53

① Konjunktiv ② Präsens ③ Imperfekt ④ Präsens ⑤ *ne*

Lückentext
S. 53

a)
1. dolerent – Der Großvater ermahnte die Seinen, über das Unglück nicht länger Schmerz zu empfinden.
2. deportet – Dem ersten Sklaven befiehlt er, die Überreste der alten Scheune wegzutragen.
3. apportet – Dem zweiten Sklaven befiehlt er, die Balken herbeizutragen.
4. secet – Dem dritten Sklaven befiehlt er, die Balken mit der Säge durchzuschneiden.
5. pararet – Von der Sklavin forderte er, ein überaus gutes Essen zuzubereiten.
6. maneret – Die Großmutter ist durch das Gewitter äußerst verwirrt worden; daher riet er der Großmutter, zu Hause zu bleiben.
7. faciat – Stachys bittet er, eine Dachrinne anzufertigen.
8. fingeret – Fabius bat er, Ziegeln zu formen.

Übung C 13
S. 54

b)
1. aedificent – Die Sklaven eilen herbei, um die Scheune zu errichten.
2. paret – Die Sklavin betritt das Haus, um ein äußerst gutes Essen zuzubereiten.
3. perturbetur – Die Großmutter bleibt zu Hause, um nicht länger durch das Unglück verwirrt zu werden.
4. fingat – Fabius sucht eine geeignete Erde, um Ziegeln zu formen.
5. faceres – Der Großvater bat dich, eine Dachrinne anzufertigen.

Lückentext
S. 56

① Infinitiv-Konstruktion ② „um … zu"-Konstruktion ③ *admonere* – ermahnen, *imperare* – befehlen, *postulare* – fordern, *suadere* – einen Rat geben, überreden, überzeugen, *orare* – bitten, *rogare* – fragen sind Verben des Bittens und Veranlassens. ④ *dass* ⑤ Infinitiv ⑥ *advolare* – herbeifliegen, herbeieilen, *intrare* – be-, eintreten, *manere* – bleiben, *quaerere* – klagen, fragen sind Verben, die sich keinem bestimmten Bedeutungsfeld zuordnen lassen. ⑦ *damit* ⑧ „um … zu"

Lückentext
S. 57

① *tam* ② *ne* ③ *ut non* ④ Anders als bei den Begehr- und Absichtssätzen ist nur die Übersetzung mit *dass* … möglich. ⑤ Konsekutivsatz ⑥ Konsekutivsatz ⑦ Im übergeordneten Satz steht die **Ursache**. ⑧ Im *ut*-Satz (dem Konsekutivsatz) steht die **Wirkung**.

Übung C 14
S. 57

1. Horreum novum <u>tam</u> **altum** erat, ut ceteris horreis **altitudine** praestaret.
   Cetera horrea <u>tam</u> **humilia** erant, ut horreo novo **altitudine** <u>non</u> praestarent.
2. Horreum novum <u>tam</u> **magnum** erat, ut ceteris horreis **magnitudine** praestaret.
   Cetera horrea <u>tam</u> **parva** erant, ut horreo novo **magnitudine** <u>non</u> praestarent.
3. Horreum novum <u>tam</u> **clarum** erat, ut ceteris horreis **claritate** praestaret.
   Cetera horrea <u>tam</u> **ignota** erant, ut horreo novo **claritate** <u>non</u> praestarent.

Übung C 15
S. 58

2. Wenn das Käuzchen sänge, wäre das Gewitter fern.
3. Wenn das Käuzchen gesungen hätte, wäre das Gewitter fern gewesen.

Übung C 16
S. 58

① Auch im *si*- Satz kann der Konjunktiv stehen.
② Wenn im übergeordneten Satz der Konjunktiv steht, dann steht aber immer auch im *si*-Satz der Konjunktiv.
③ Der Konjunktiv im *si*-Satz wird im Deutschen ebenfalls mit dem Konjunktiv wiedergegeben.
④ Die Bezeichnung Realis ist irreführend: Ob das Käuzchen tatsächlich singt, bleibt offen.
⑤ Nicht die Folgerung für sich betrachtet ist unzutreffend, sondern die Aussage des übergeordneten Satzes und damit automatisch auch die Folgerung im *ut*-Satz. Wenn das Käuzchen wirklich einmal singen sollte, dann wird ganz ohne Zweifel auch das Unwetter fern sein. Aber da nun einmal das Käuzchen nicht singt/gesungen hat, ist/war auch das Unwetter nicht fern.

Übung C 17
S. 59

Wenn der Himmel immer heiter wäre, …
1. flo-re-re-nt – … würden die Blumen nicht mehr blühen.
2. canta-re-re-nt – … würden die Vögel nicht mehr singen.
3. dona-re-re-nt – … würden die Kühe den Menschen keine Milch mehr schenken.
4. ca-re-re-nt – … würden die Menschen alle Nahrungsmittel entbehren.
5. pa-re-re-t – … würde die Erde keine Feldfrüchte mehr hervorbringen.
6. se-re-re-tur – … würde das Getreide nicht gesät werden.
7. u-re-re-t – … würde die Sonne die Erde verbrennen.
8. quae-re-re-nt – … würden die Menschen umsonst Wasser suchen.

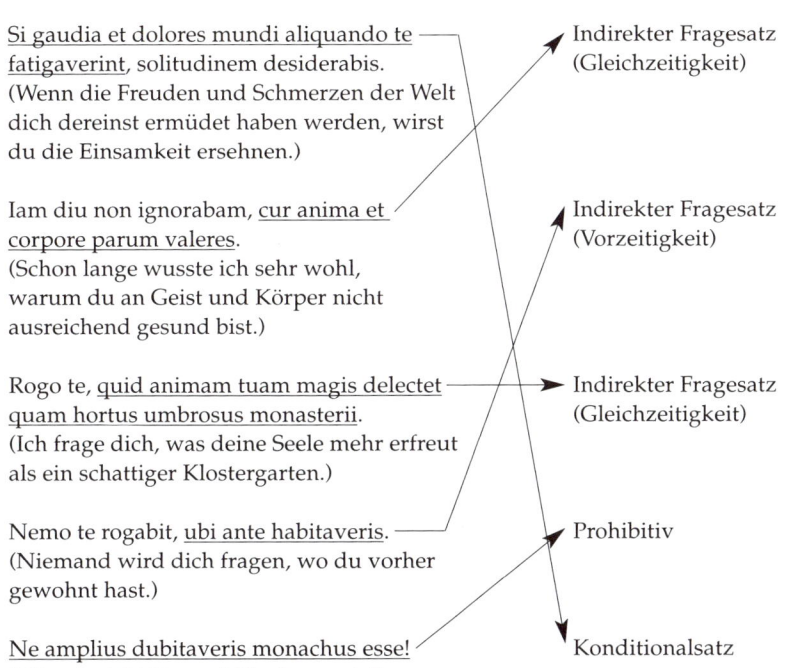

Si gaudia et dolores mundi aliquando te fatigaverint, solitudinem desiderabis. (Wenn die Freuden und Schmerzen der Welt dich dereinst ermüdet haben werden, wirst du die Einsamkeit ersehnen.)

Iam diu non ignorabam, cur anima et corpore parum valeres. (Schon lange wusste ich sehr wohl, warum du an Geist und Körper nicht ausreichend gesund bist.)

Rogo te, quid animam tuam magis delectet quam hortus umbrosus monasterii. (Ich frage dich, was deine Seele mehr erfreut als ein schattiger Klostergarten.)

Nemo te rogabit, ubi ante habitaveris. (Niemand wird dich fragen, wo du vorher gewohnt hast.)

Ne amplius dubitaveris monachus esse! (Zögere nicht länger, Mönch zu sein!)

Indirekter Fragesatz (Gleichzeitigkeit)

Indirekter Fragesatz (Vorzeitigkeit)

Indirekter Fragesatz (Gleichzeitigkeit)

Prohibitiv

Konditionalsatz

Vortest C 3
S. 60

1. Xaver: Wo ist der Heilkräutergarten?
   Der Onkel: Der Heilkräutergarten ist hinter dem Haus des Arztes.
2. Xaver: Wer hat den Heilkräutergarten angelegt?
   Der Onkel: Der Mönch Gallus hat den Heilkräutergarten angelegt.
3. Xaver: Wann wurde der Heilkräutergarten angelegt?
   Der Onkel: Der Heilkräutergarten ist schon im 8. Jahrhundert angelegt worden.
4. Xaver: Wie oft wird der Heilkräutergarten bewässert?
   Der Onkel: Der Heilkräutergarten befindet sich an einem schattigen Ort. Er wird nur abends bewässert.
5. Xaver: Welche Kräuter blühen im Heilkräutergarten?
   Der Onkel: Verschiedene Kräuter blühen im Heilkräutergarten. Nicht alle sind heilsam. In einigen ist auch Gift.

Übung C 18
S. 61

① Fragesatz ② indirekte Fragesätze ③ Fragezeichen ④ Punkt ⑤ Anführungszeichen ⑥ Nebensatz ⑦ Anfang ⑧ Konjunktiv
⑨ *quis* – wer   ⑩ *quid* – was
⑪ *ubi* – wo   ⑫ *quando* – wann
⑬ *quotiens* – wie oft   ⑭ *cur* – warum
⑮ Relativpronomen ⑯ Welche ⑰ Konjunktiv Präsens ⑱ Konjunktiv Perfekt ⑲ Konjunktiv Imperfekt ⑳ Konjunktiv Plusquamperfekt ㉑ Präsens ㉒ Perfekt ㉓ indirekten Fragesatzes („… wo der Heilkräutergarten gewesen ist.") ㉔ übergeordneten Satzes („Xaver fragt den Onkel, …") ㉕ Indikativ wiedergegeben. ㉖ Konjunktiv wiedergegeben. ㉗ Indikativ wiedergegeben.

Lückentext
S. 61

Übung C 19
S. 65

1. Ich habe den Onkel gefragt, wo der Heilkräutergarten ist.
Er weiß sehr wohl, wo der Heilkräutergarten ist. Er ist hinter dem Haus des Arztes.
2. *…quis herbularium comparavisset.*
Non ignorat, quis herbularium comparaverit. Monachus Gallus herbularium comparavit.
Ich habe den Onkel gefragt, wer den Heilkräutergarten angelegt hat.
Er weiß sehr wohl, wer den Heilkräutergarten angelegt hat. Der Mönch Gallus hat den Heilkräutergarten angelegt.
3. *Avunculum rogavi, quando herbularius comparatus esset.*
Non ignorat, quando herbularius comparatus sit. Iam octavo saeculo comparatus est.
Ich habe den Onkel gefragt, wann der Heilkräutergarten angelegt worden ist.
Er weiß sehr wohl, wann der Heilkräutergarten angelegt worden ist. Er ist schon im 8. Jahrhundert angelegt worden.
4. *Avunculum rogavi, quotiens herbularius rigaretur.*
Non ignorat, quotiens herbularius rigetur. In loco umbroso est. Vesperi solum rigatur.
Ich habe den Onkel gefragt, wie oft der Heilkräutergarten bewässert wird.
Er weiß sehr wohl, wie oft der Heilkräutergarten bewässert wird. Er befindet sich an einem schattigen Ort. Nur abends wird er bewässert.
5. *Avunculum rogavi, quae herbae in herbulario florerent.*
Non ignorat, quae herbae in herbulario floreant. Variae herbae in herbulario florent. Non cunctae salutares sunt. In nonnullis etiam venenum inest.
Ich habe den Onkel gefragt, welche Kräuter im Heilkräutergarten blühen. Er weiß sehr wohl, welche Kräuter im Heilkräutergarten blühen. Verschiedene Kräuter blühen im Heilkräutergarten. Nicht alle sind heilsam. In einigen ist auch Gift.

Lückentext
S. 65

① Fragesatz ② 1. ③ Singular ④ Futur I (Wenn du Salbei zu dir nehmen wirst, …) / Präsens (Wenn du Salbei zu dir nimmst, …) / Perfekt (Wenn du Salbei zu dir genommen hast, …)

Übung C 20
S. 66

1. Wenn du Schierling zu dir genommen haben wirst, wird dein Körper starr sein.
2. Wenn du Rosmarin zu dir genommen haben wirst, wirst du von Schlaf bezwungen werden.
3. Wenn du den Goldregen zu dir genommen haben wirst, wird dein Körper zerstört werden.
4. Wenn du die Minze nicht zu dir genommen haben wirst, wird dein Mund stinken.

Lückentext
S. 66

① Die obigen *si*-Sätze haben die Funktion des Realis, *weil* offen bleibt, ob Xaver die Heilkräuter auch tatsächlich zu sich nimmt. ② abhalten ③ Der Prohibitiv ist der verneinte Imperativ. ④ Er setzt sich zusammen aus *ne*, verbunden mit dem Konjunktiv Perfekt.

Übung C 21
S. 66

1. Der Salbei ist eine Heilpflanze. Meide den Salbei nicht!
2. Der Schierling ist eine Giftpflanze. Meide den Schierling!
3. *…herba salutaris est …ne vitaveris* – Der Rosmarin ist eine Heilpflanze. Meide den Rosmarin nicht!
4. *…herba veneni est. Laburnum vita* – Der Goldregen ist eine Giftpflanze. Meide den Goldregen!
5. *…herba salutaris est. Mentham ne vitaveris* – Die Minze ist eine Heilpflanze. Meide die Minze nicht!

Vortest D 1
S. 67

	Inf. Präs.		Inf. Perf.		Inf. Fut.	
	Aktiv	Passiv	Aktiv	Passiv	Aktiv	Passiv
1.	*posse* können	–	*potuisse*	–	–	–
2.	*portare*	*portari*	*portavisse*	*portatum esse* gebracht worden sein	*portaturum esse*	*portatum iri*
3.	*delere*	*deleri*	*delevisse*	*deletum esse*	*deleturum esse*	*deletum iri* zerstört werden werden
4.	*flere*	*fleri*	*flevisse* geweint haben	*fletum esse*	*fleturum esse*	*fletum iri*
5.	*augere*	*augeri* vergrößert werden	*auxisse*	*auctum esse*	*aucturum esse*	*auctum iri*
6.	*esse*	–	*fuisse*	–	*futurum esse (= fore)* sein werden	–

compleri = angefüllt werden
provisum esse = vorhergesehen worden sein
praestaturum esse = leisten werden

① sechs ② *laudari*

Lückentext
S. 68
Übung D 1
S. 68

a)
1. *lauda-ri* = gelobt werden   2. *lauda-vi* = ich habe gelobt
3. *lauda-nti* = dem Lobenden   4. *lauda-ti* = die Gelobten / des Gelobten

b)
1. moneri, monui, monenti, moniti
2. audiri, audivi, audienti, auditi

agere – agi; legere – legi; tenere – teneri; minuere – minui; arcere – arceri

Übung D 2
S. 69
Lückentext
S. 69

① *fore*

Übung D 3
S. 69

Die Lösung findest du in der Tabelle oben (zum Vortest D 1).

D

Übung D 4
S. 69

a)

terreri – erschreckt werden; *terrori* – dem Schrecken; *timeri* – gefürchtet werden; *timori* – der Furcht; *salutari* – gegrüßt werden <u>oder</u> dem Heilsamen

b)

pari — *parere, pario, peperi, partum* – hervorbringen; Inf. Präs. Pass.; hervorgebracht werden
par, -is – gleich; Dat. Sg.; dem gleichen

duci — *ducere, duco, duxi, ductum* – führen; Inf. Präs. Pass.; geführt werden
dux, ducis (m/f) – Führer, Führerin; Dat. Sg.; dem Führer

Vortest D 2
S. 70

1. Die Römer glaubten, dass die Götter durch Opfer besänftigt werden.
2. Cato befiehlt, dass der Bauer alljährlich dem Mars ein Schwein, ein Schaf und einen Stier opfert.
3. Er bekräftigt, dass dieser dann die Äcker, das Vieh, die Häuser und die Familien bewahren werde.
4. Wir wissen (sehr wohl), dass die Bauern der Ceres vor der Ernte eine Sau geopfert haben.
5. Außerdem glaubten sie, dass sie ihren Laren einen Kranz schulden.
6. Sie hofften nämlich, dass ihre Häuser durch deren Hilfe von allen Übeln frei sein werden.
7. Es steht fest, dass die Römer den Zorn der Götter immer gefürchtet haben.

Lückentext
S. 71

① Akkusativobjekt ② Aci

Übung D 5
S. 71

Verben der **Wahrnehmung**	Verben des **Denkens und Fühlens**	Verben der **Mitteilung**
videre	*sperare*	*respondere*
audire	*exspectare*	*persuadere*
cernere	*putare*	*iurare*
	ignorare	*clamare*
	censere	*nuntiare*
	cogitare	*confirmare*
	sentire	*iubere*
	scire	*vetare*
		dicere
		scribere

Übung D 6
S. 72

a)

1. Das **Verb**, von dem der Aci abhängt, ist *putamus*.
   Es handelt sich um ein Verb des **Denkens**.
2. *nuntiare* ist der **Infinitiv** des Aci.
3. Der **Akkusativ** des Aci lautet *nuntium certum*.
4. *spectatoribus* ergänzt den Aci als **Dativobjekt**;
   semper ist ein **Adverb**;
   der **Präpositionalausdruck** *sine timore* ist eine weitere Ergänzung des Aci,
   verum ergänzt ihn als **Akkusativobjekt**.

b)

Wir glauben, dass ein zuverlässiger Reporter den Zuschauern immer ohne Furcht die Wahrheit berichtet.

① Wir glauben, dass der Reporter die Zuschauer mit (seinen) Worten bewegt.
Wir glauben, dass die Zuschauer den Reporter mit (ihren) Worten bewegen.
② Wir glauben, dass der Reporter die Zuschauer mit (seinen) Worten bewegt.
(Denn die Zuschauer haben eigentlich nie die Gelegenheit, mit dem Reporter zu sprechen, geschweige denn, ihn von irgendetwas zu überzeugen.)

Lückentext
S. 72

1. Der Großvater sieht, dass niemand auf den Feldern arbeitet.
2. Der Großvater sieht, dass die Schweine den Zugang zum Landhaus besetzen.
3. Der Großvater sieht, dass die Rinder kein Futter haben.
4. Der Großvater sieht, dass die Sklaven mit den Kindern unter den Bäumen sitzen.

Übung D 7
S. 73

1. vacuas – Der Großvater sieht, dass die Speisekammern leer sind.
2. aegros – Der Großvater sieht, dass die Pferde krank sind.

Übung D 8
S. 74

D

① Gleichzeitigkeit

Lückentext
S. 74

1. Dann hat der Großvater gesehen, dass die Sklaven Wein trinken.
2. Bald wird der Großvater sehen, dass die Sklaven Wein trinken.

Übung D 9
S. 74

① Vorzeitigkeit

Lückentext
S. 75

1. Der Großvater hat gesehen, dass das Tor der Scheune zerstört worden ist (oder war).
2. Der Großvater wird sehen, dass das Tor der Scheune zerstört worden ist.

Übung D 10
S. 75

② Nachzeitigkeit

Lückentext
S. 75

1. Der Großvater hatte erwartet, dass die Sklaven arbeiten werden.
2. Der Großvater wird erwarten, dass die Sklaven arbeiten werden.

Übung D 11
S. 75

1. visitaturum esse   2. examinaturum esse
3. vitatos esse / vitari   4. admonuisse
5. esse / fuisse   8. vituperari / vituperatum esse

Übung D 12
S. 76

① Verwalter
② Gutsherrn
③ nur auf den *vilicus* beziehen.
④ *suus, sua, suum*

Lückentext
S. 76/77

1. Zuverlässige Verwalter teilen dem Gutsherrn mit, dass sie kranke Pferde erworben haben.
2. Ein zuverlässiger Verwalter weiß (sehr wohl), dass er sich um das Landhaus seines Herrn wie um sein eigenes Landhaus kümmern muss.

Übung D 13
S. 77

① Gutsherr ② *eam* ③ *eos* ④ *eas*

Lückentext
S. 77

a)

1. **se**: *Secundus* – Secundus versucht den Großvater davon zu überzeugen, dass er niemals faul gewesen ist.
2. **se**: *Secundus*; **suis**: *Secundus* – Secundus versucht den Großvater davon zu überzeugen, dass er seinen Arbeiten immer fleißig nachgegangen ist.
3. **eum**: *Secundus* – Dennoch wirft der Großvater Secundus vor, dass er faul gewesen ist.
4. **eo**: *Secundus* – Dennoch wirft der Großvater Secundus vor, dass das Vieh von ihm schlecht behandelt worden ist.
5. **ei**: *Secundus* – Dennoch wirft der Großvater Secundus vor, dass er sich um das Landhaus nicht gekümmert hat.
6. **se**: *avus*; **eius**: *Secundus* – Der Großvater bekräftigt, dass er mit seinen Arbeiten nicht zufrieden ist.

D

b)

1. Servi avo persuadere temptant se numquam pigros fuisse.
2. Servi avo peruadere temptant se operibus suis semper studuisse.
3. Tamen avus servis crimini dat eos pigros fuisse.
4. Tamen avus servis crimini dat pecus ab eis male tractatum esse.
5. Tamen avus servis crimini dat villam eis curae non fuisse.
6. Avus confirmat se operibus eorum contentum non esse.

Avus confirmat Secundum explicationem neglegentiae sibi debere.

① ihm

1. **sibi**: *avus*; **suae**: *Secundus* – Der Großvater erwartet, dass Secundus ihm die Gründe für seine Nachlässigkeit erklären wird.
2. **eum**: *Secundus*; **suis**: *eum (= Secundus)* – Der Großvater glaubt nämlich, dass er seine Pflichten nicht erfüllt hat.
3. **eum**: *Secundus*; **suum**: *Secundus* – Der Großvater wirft Secundus vor, dass er lieber seinen Bauch mit Speise und Wein hat füllen wollen als arbeiten.
4. **suis**: *Secundus* – Secundus bekräftigt, dass die Sklaven seinen Befehlen oft unwillig gehorcht haben.
5. **eos**: *servi*; **sua**: *eos (= servi)* – Secundus versichert, dass sie nicht nur durch ihre Faulheit, sondern auch durch Unwetter an ihren Arbeiten gehindert worden sind.
6. **se**: *Secundus*; **eius**: *avus* – Secundus erklärt dem Großvater, dass er seine Sklaven immer zur Arbeit angetrieben hat.
7. **se**: *Secundus*; **eorum**: *servi* – Secundus bekräftigt, dass er mit ihrer Hilfe sehr viel Getreide in die Scheune gebracht hat.
8. **se**: *Secundus*; **eius**: *avus* – Secundus erklärt dem Großvater, dass er immer seinen Laren geopfert hat.
9. **suae**: *avus*; **sibi**: *avus* – Secundus bekräftigt, dass der Großvater sich seines Unrechts nicht bewusst ist.
10. **se**: *Secundus*; **eius**: *avus* – Schließlich erklärt Secundus dem Großvater, dass er seines Vertrauens würdig ist.

① das Akkusativobjekt ② das Subjekt ③ Akkusativobjekt ④ Subjekt ⑤ *oportet* – es gehört sich ⑥ *praestat* – es ist besser ⑦ *constat* – es steht fest

1. Es gehört sich, dass der Verwalter weder ein Greis noch ein junger Mann ist.
2. Es gehört sich, dass er sowohl die Sklaven belehrt als auch selbst in allen Arbeiten erfahren ist.
3. Es ist besser, dass er der Lehrer der Sklaven ist, als dass er ihr Schüler ist.
4. Es ist notwendig, dass er der Familie Speise und Kleidung gibt.
5. Es ist notwendig, dass sowohl alles Notwendige von ihm erworben als auch alles Überflüssige von ihm verkauft wird.
6. Es ist besser, dass er einen alten oder kranken Sklaven verkauft, als dass er ihn behält.
7. Es steht fest, dass die Götter Feldfrüchte und Vieh vermehren können.
8. Deshalb gehört es sich, dass der Verwalter auf Befehl des Gutsherrn den Göttern opfert.

Übung D 17
S. 80

**D
+
E**

Lösungen Kapitel E

expectantes (Part. Präs. Akt.) – die, die erwarten/die Erwartenden
temptatus (Part. Perf. Pass.) – einer, der angegriffen worden ist/der Angegriffene
nocituris (Part. Fut. Akt.) – denen (oder durch die), die schaden werden

Vortest E
S. 81

a5: Ein kleines Mädchen, das sich freut, betritt die Thermen. (Hier bestimmt das PPA *gaudens* lediglich *Puellula* näher, in ihm liegt darüber hinaus keine weitere Sinnrichtung.)
b4: Obwohl es nicht schwimmen kann, besucht es die Thermen gerne. (Hier liegt eine **konzessive** Sinnrichtung des PPA *(Natare) ignorans* vor. Du gibst sie am besten durch eine Übersetzung mit *obwohl* wieder.)
c2: Es eilt ins Frigidarium, um kopfüber ins Wasser zu springen. (Hier ist klar, dass eine **Absicht** verfolgt wird. Es liegt also eine **finale** Sinnrichtung des Part. Fut. Akt. vor, die du mit einer „um … zu“-Konstruktion wiedergeben kannst.)
d1: Weil es vom Bademeister zurückgehalten worden ist, schreit es laut. (In diesem Satz gibt das PPP *retenta* den **Grund** an, warum das Mädchen schreit. Es handelt sich um eine **kausale** Sinnrichtung, die Übersetzung lautet *weil*.)
e3: Die Schwimmenden drehen ihre Köpfe zu dem kleinen Mädchen um. (Das PPA *Natantes* ist das **Subjekt** dieses Satzes. Du fragst: „Wer …?“)

① Aktiv ② Passiv ③ *a-/o* ④ *-e*

Lückentext
S. 82
Übung E 1
S. 83

a)
1. ridentes, 2. perterritus, 3. nataturi, 4. disputantium, intrantibus, 5. exspectatos, 6. avolaturam, 7. urgentes

b)

PPA	PPP	Part. Fut. Akt.
ri**dentes**	perter**ritus**	nata**turi**
dispu**tantium**	exspec**tatos**	avola**turam**
in**trantibus**		
ur**gentes**		

① Was für Mädchen? ② Lachende ③ die lachen ④ Was für Jungen? ⑤ die schwimmen werden

Lückentext
S. 84

Übung E 2 **S. 84**	4. *iuvenum disputantium:* diskutierender junger Männer/junger Männer, die diskutieren; *feminis intrantibus:* eintretenden Frauen/Frauen, die eintreten 5. *discipulos exspectatos:* erwartete Schüler/Schüler, die erwartet worden sind 6. *filiam avolaturam:* die Tochter, die weglaufen wird
Lückentext **S. 84**	① Gleichzeitigkeit ② Vorzeitigkeit ③ Nachzeitigkeit
Übung E 3 **S. 85**	4. Eine Gruppe junger Männer, die diskutieren, steht Frauen, die eintreten, im Weg. 5. Ein Lehrer begrüßt Schüler, die (von ihm) erwartet worden sind. 6. Ein Vater hält (seine) Tochter, die weglaufen will, zurück. 7. Ein alter Mann nimmt sich vor Dränglern in Acht.
Übung E 4 **S. 85**	a) 1. Mädchen, die lachten, kamen bei den Thermen zusammen. 2. Ein Kind, das erschreckt worden war, weinte. 3. Jungen, die schwimmen wollten, erwarteten (ihre) Freunde. b) Zum Tempus im Relativsatz kann ich Folgendes feststellen: – Das PPA wird <u>nicht mehr</u> durch das **Präsens** wiedergegeben, sondern durch das **Imperfekt**. – Das PPP wird <u>nicht mehr</u> durch das **Perfekt** wiedergegeben, sondern durch das **Plusquamperfekt**. – Das Part. Fut. Akt. wird <u>nicht mehr</u> mit *wollen* im **Präsens**, sondern im **Imperfekt** wiedergegeben.
Übung E 5 **S. 86**	4. Eine Gruppe von jungen Männern, die diskutierten, stand Frauen, die eintraten, im Weg. 5. Ein Lehrer begrüßte Schüler, die (von ihm) erwartet worden waren. 6. Ein Vater hielt (seine) Tochter, die weglaufen wollte, zurück.
Übung E 6 **S. 87**	1. a) Infans <u>tumultu</u> perterritus … b) Substantiv im Ablativ c) Ein Kind, das durch den Lärm erschreckt worden ist, weint. 2. a) … discipulos <u>iam diu</u> exspectatos … b) Partikel und Adverb c) Ein Lehrer begrüßt Schüler, die er schon lange erwartet hat (wörtl.: … die schon lange erwartet worden sind). 3. a) … iuvenum <u>de rebus novissimis</u> disputantium feminis <u>thermas</u> intrantibus … b) Präpositionalausdruck, Substantiv im Akkusativ c) Ein Gruppe junger Männer, die über Neuigkeiten diskutieren, steht Frauen, die die Thermen betreten, im Weg.

E

1.
a) <u>Pueri in bibliotheca sedentes</u>; <u>viro carmen recitanti</u>
b) Jungen, die in der Bibliothek sitzen, hören einem Mann zu, der ein Gedicht vorträgt.
2.
a) <u>Mercator aliquot ornamentis privatus</u>
b) Ein Händler, der einiger Schmuckstücke beraubt worden ist, ruft mit lautem Geschrei Zeugen herbei.
3.
a) <u>Mercatores potiones et crusta vendituri</u>
b) Händler, die Getränke und Backwaren verkaufen wollen, rufen vorbeigehende Leute (= Passanten) zusammen.
4.
a) <u>ciborum in popinis paratorum</u>; <u>pueros fame laborantes</u>
b) Der Geruch von Speisen, die in den Garküchen zubereitet worden sind, quält die Jungen, die an Hunger leiden.
5.
a) <u>ab adulescentibus ante stadium stantibus</u>
b) Der Lehrer wird von jungen Männern, die vor dem Stadion stehen, erwartet.
6.
a) <u>viri de statuis artificum Graecorum disputantes</u>
b) Im Museum gehen Männer herum, die über die Statuen griechischer Künstler diskutieren.

Übung E 7
S. 88

(1) attributives (2) Was für Mädchen? (3) die die Thermen betreten (4) Adverbiale (5) Zeit (6) Perfekt (7) Plusquamperfekt

Lückentext
S. 89

1. **Als** die Mädchen die Thermen **betreten, werden** sie von einem Wärter **begrüßt**.
2. **Nachdem** die Mädchen vom Wärter **begrüßt worden sind, betreten** sie den Umkleideraum.
3. **Während** die Mädchen Neuigkeiten **erzählen, betreten** sie den Umkleideraum.

Übung E 8
S. 90

1. **Als** die Mädchen die Thermen **betraten, wurden** sie von einem Wärter **begrüßt**.
2. **Nachdem** die Mädchen vom Wärter **begrüßt worden waren, betraten** sie den Umkleideraum.
3. **Während** die Mädchen Neuigkeiten **erzählten, betraten** sie den Umkleideraum.

Übung E 9
S. 90

1.
a) **Während** die Mädchen laut **diskutieren, verstreuen** sie Kleider und Schuhe.
b) Puellae magna voce disputantes vestes et calceos dissipaverunt. – **Während** die Mädchen laut **diskutierten, verstreuten** sie Kleider und Schuhe.
2.
a) **Nachdem** die Mädchen von den übrigen Frauen wegen des Lärms **getadelt worden sind, schweigen** sie.
b) Puellae a ceteris feminis propter tumultum vituperatae tacuerunt. – **Nachdem** die Mädchen von den übrigen Frauen wegen des Lärms **getadelt worden waren, schwiegen** sie.

Übung E 10
S. 91

(1) Ziel, Zweck (2) Wozu

Lückentext
S. 91

E

1. Die einen Mädchen gehen aus dem Umkleideraum heraus, **um** die Sporthalle aufzu**suchen**.
2. Die anderen Mädchen gehen aus dem Umkleideraum heraus, **um** sich auf dem Dach **zu** sonnen.

① *warum* ② *da* ③ *weil*

1. **Weil** die Mädchen entweder durch das Spiel oder die Sonne ermüdet (worden) sind, nehmen sie auf marmornen Stühlen Platz.
2. **Weil** die Mädchen (an) Durst leiden, trinken sie Wasser.
3. Eine Sklavin gibt den Mädchen Tücher, **weil** sie schwitzen.

① Art und Weise

1. Die Mädchen erholten sich, **indem** sie im Frigidarium schwammen.
2. Die Mädchen stürzten sich ins Wasser, **ohne** die Vorschriften des Bademeisters **zu** beachten.
3. Die Mädchen liefen weg, **ohne** vom Bademeister gefangen worden **zu** sein.

1. **Obwohl** die Mädchen den strengen Bademeister fürchteten, verließen sie noch nicht die Thermen.
2. **Obwohl** die Mädchen durch den Tumult schon erschöpft (worden) waren, suchten sie das Caldarium auf.
3. **Obwohl** die Mädchen durch das Wasser sehr erfreut worden sind, verlassen sie die Thermen schließlich gerne.

Sinnrichtung des Partizips	den deutschen Nebensatz einleitende Konjunktionen
temporal	*als* (bei PPA, manchmal auch bei PPP), *während* (bei PPA), *nachdem* (bei PPP)
kausal	*da, weil*
modal	*indem, wobei* bei Verneinung: „ohne … zu"-Konstruktion
konzessiv	*obwohl*

1. Die Mädchen diskutieren laut. **Währenddessen** verstreuen sie Kleider und Schuhe.
2. Die Mädchen werden von den übrigen Frauen wegen des großen Lärms getadelt. **Daraufhin** schweigen sie.
3. Die Mädchen sind entweder vom Spiel oder von der Sonne ermüdet. **Daher** nehmen sie auf marmornen Stühlen Platz.
4. Die Mädchen schwammen im Frigidarium. **So** erholten sie sich.
5. Die Mädchen waren durch den Tumult schon erschöpft. **Trotzdem** suchten sie das Caldarium auf.

1. … Nun greifen die Löwen an. Schon sind sie neben dem Tor der Bayern. Sieh, Horst Heldt schießt hoch aufgerichtet den Ball. Nicht mit dem Fuß, mit dem Kopf schießt er den Ball. Schon ist niemandes Körper zwischen Heldt und Torwart Oliver Kahn. Niemand kann den Ball zurückhalten. Tor! Schon das erste Tor für die Löwen! Ich gratuliere …

Übung F 1
S. 95

2. … Der Bayer Dietmar Hamann bekommt den Ball von Mehmet Scholl. Trainer Werner Lorant, der den Löwen vorsteht, ruft: „Heldt und Walker, was seid ihr nicht da?" Aber schon schießt Hamann den Ball. Tor! Das erste Tor der Bayern. Eins zu eins. …

F

3. … Der Löwe Walker gibt den erhaltenen Ball sofort an Bernhard Winkler weiter. Die Gegner sind nicht fern: Markus Babbel und Thomas Helmer, hervorragende Spieler, bedrängen den Löwen und versuchen, (ihm) den Ball wegzunehmen. Umsonst. Winkler behält den Ball und schießt ihn plötzlich. Tor! Zwei Tore der Löwen gegenüber einem Tor der Bayern. Wenn es den Löwen die übrige Zeit nicht an Tüchtigkeit fehlen wird, werden sie endlich siegen …

4. … Freistoß für die Bayern! Wäre bei den Löwen doch nicht so großer Leichtsinn! – Mario Basler schickt sich an, den Ball zu schießen. Er schießt. Zwischen ihm und Torwart Bernd Meier befinden sich mehrere Löwen. Es nutzt nichts. Der Ball fliegt durch alle hindurch. Auch der Torwart kann den Ball nicht fangen. Tor. Zwei zu zwei. Gleichstand …

5. … Der Löwe Bodden ist an die Stelle des Spielers Borimirov getreten. Was wird es nutzen? (Nur) ein klein wenig Zeit ist übrig …

6. … Schluss. Der Hoffnung auf Sieg beraubt verlassen die Löwen das Feld. Wie lange eigentlich werden die Bayern die Geduld der Löwen noch missbrauchen?

① afuisti ② afuerat ③ supersimus ④ superfuissetis ⑤ desunt ⑥ deerimus

Übung F 2
S. 96
Lückentext
S. 97

① dunklen Vokalen *(o, u)* ② s ③ *audiet* ④ *ibit* ⑤ So ist es ⑥ So ist es nicht ⑦ Du mögest gehen. ⑧ Du wirst nicht gehen.

a)
1. *Eas!* 2. *Eas!* 3. *Non ibis!* 4. *Non ibis!* 5. Iris und Isai

Übung F 3
S. 98

b)
2. *eas* – diese, sie (Akk. Pl. Fem.) oder du mögest gehen
3. *ibis* – der Ibis oder du wirst gehen
4. *eo* – durch diesen/dieses oder ich gehe
5. *is* – dieser oder du gehst

① *consistere* ② *institit* ③ *insistere* ④ *restitit* ⑤ *restare* ⑥ *resistere*

Lückentext
S. 99

1) Die Punier gelangten zum Fluss Durance. Der durch Regenfälle angeschwollene Fluss führt eine gewaltige Menge Wasser mit sich. Der Fluss gewährt dem, der in ihn eintritt, nichts Feststehendes oder Sicheres.
Setze einmal (also eine Runde) aus! (wörtlich: Höre einmal auf weiterzugehen!)

2) Die Punier sehen die Bergbewohner, ungeschorene und ungepflegte Menschen, von fern. Sie besetzen Hügel. Hannibal befiehlt stehen zu bleiben. Das Heer bleibt stehen. Kundschafter werden vorausgeschickt, damit sie die Gegend besichtigen.
Setze zweimal aus!

3) Die Bergbewohner stehen den Puniern in Engpässen im Weg. Einige der Punier werden so sehr erschreckt, dass sie sich in den Abgrund stürzen. Hannibal aber, der alle an Mannhaftigkeit übertrifft, macht den Soldaten (wieder) Mut (wörtlich: bekräftigt die Herzen der Soldaten).
Setze einmal aus!

4) Hannibal hat die Festung, die der Hauptort des Gebietes ist, eingenommen. Niemand hat den Puniern Widerstand geleistet. Sie haben viele Lebensmittel gefunden. Mit erneuertem Mut ziehen sie weiter.
Gehe drei Felder weiter!

5) Die Elefanten erweisen sich als nützliche Tiere. Wo sie auftauchen, fliehen die Bergbewohner.
Gehe ein Feld weiter!

6) Das Siebengestirn ist bereits untergegangen. Der Winter steht bevor. Die Punier ziehen in großen Märschen weiter.
Gehe drei Felder weiter!

7) Hannibal hat sich auf den Vorsprung eines Berges gestellt. Er zeigt die Gefilde rings um den Po und Rom. Voller Hoffnung (wörtlich: von Hoffnung hingeleitet) ruft er aus: „Die Hauptstadt Italiens werden wir bald in unserer Macht haben!"
Setze dreimal aus! Freue dich über die Aussicht auf Italien!

8) Der Weg ist abschüssig, eng und rutschig. Die Punier versuchen, sich auf dem Rücken herabzulassen. Etwas anderes bleibt ihnen nicht übrig. Auf dem glatten Eis aber fallen die einen auf die anderen und Lasttiere auf Menschen.
Setze einmal aus!

9) Hannibal hat beschlossen, ein Lager zu errichten. Die Punier müssen Schnee wegräumen.
Setze zweimal aus!

10) Ein großer Felsen steht dem Heer im Weg. Mithilfe eines Brandes und mithilfe von Eisen „zähmen" die Soldaten den Felsen. Es entsteht ein so breiter Weg in dem Felsen, dass sogar Elefanten (darauf) herabgeführt werden können.
Setze einmal aus!

1. *tradit* 2. *condit* 3. *circumdat* 4. *addit* 5. *abdit, credit* 6. *credis, prodere, prodit* 7. *dedunt, edunt* 8. *perdit, vendit* 9. *edidit, redditus*

F

a) *agere*

1. Agricola boves in agrum <u>agit</u>.

2. Imperator testudinem ad oppidum <u>agit</u>.

3. Ratis undis <u>agitur</u>.

4. Emptor cum venditore de pretio <u>agit</u>.

Der Käufer <u>verhandelt</u> mit dem Verkäufer über den Preis.

Der Bauer <u>treibt</u> die Rinder aufs Feld.

Der Feldherr <u>führt</u> das Schutzdach gegen die Stadt.

Das Floß <u>wird</u> von den Wogen <u>getrieben</u>.

agere bedeutet also *verhandeln, treiben* und *führen*.

b) *exigere*

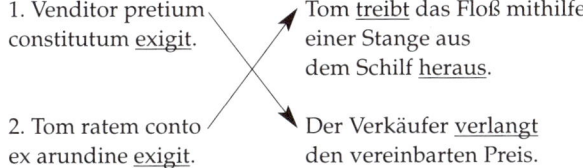

1. Venditor pretium constitutum <u>exigit</u>.

2. Tom ratem conto ex arundine <u>exigit</u>.

Tom <u>treibt</u> das Floß mithilfe einer Stange aus dem Schilf <u>heraus</u>.

Der Verkäufer <u>verlangt</u> den vereinbarten Preis.

exigere bedeutet also *heraustreiben* und *verlangen*.

c) *subigere*

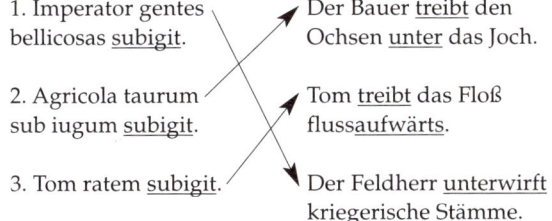

1. Imperator gentes bellicosas <u>subigit</u>.

2. Agricola taurum sub iugum <u>subigit</u>.

3. Tom ratem <u>subigit</u>.

Der Bauer <u>treibt</u> den Ochsen <u>unter</u> das Joch.

Tom <u>treibt</u> das Floß fluss<u>aufwärts</u>.

Der Feldherr <u>unterwirft</u> kriegerische Stämme.

subigere bedeutet also *unter etwas treiben, aufwärts treiben* und *unterwerfen*.

d) *cogere*

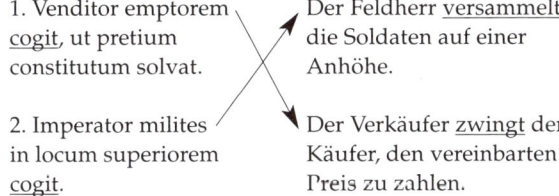

1. Venditor emptorem <u>cogit</u>, ut pretium constitutum solvat.

2. Imperator milites in locum superiorem <u>cogit</u>.

Der Feldherr <u>versammelt</u> die Soldaten auf einer Anhöhe.

Der Verkäufer <u>zwingt</u> den Käufer, den vereinbarten Preis zu zahlen.

cogere bedeutet also *versammeln* und *zwingen*.

F

**Fortsetzung
Übung F 6**

e) *redigere*

1. Agricola boves in stabulum <u>redigit</u>.

Der Verkäufer <u>führt</u> einen beträchtlichen Teil des Erlöses an den Staat <u>ab</u>.

2. Imperator gentes bellicosas in potestatem populi Romani <u>redigit</u>.

Der Bauer <u>führt</u> die Rinder in den Stall <u>zurück</u>.

3. Venditor aliquantum pecuniae in publicum <u>redigit</u>.

Der Feldherr <u>unterwirft</u> kriegerische Stämme dem römischen Volk.

redigere bedeutet also *abführen*, *zurückführen* und *unterwerfen*.

f) *peragere*

Der Bauer, der Feldherr, Tom und der Verkäufer <u>haben</u> ihre Arbeiten <u>zu Ende geführt</u>.

**Übung F 7
S. 107**

- a5, b3, c7, d8, e1, f4, g2, h6
- intermittere, remittere, omittere, dimittere, demittere, admittere, permittere, committere
- *admittere* – loslassen, zulassen
  committere – zusammenführen, übergeben, anvertrauen
  demittere – hinabgehen lassen, fallen lassen
  dimittere – ausschicken, gehen lassen, verlieren
  intermittere – dazwischen treten lassen, unterbrechen
  omittere – wegwerfen, unterlassen, aufhören
  permittere – überlassen, anvertrauen, erlauben, schenken
  remittere – zurückschicken, zurückgeben, verzichten

**Übung F 8
S. 108**

latam ist Akk. Fem. Sg. von *latus, a, um* – weit
ferreo ist Dat. / Abl. Sg. Mask. / Neutr. von *ferreus, a, um* – eisern, aus Eisen
fere ist ein Adverb und bedeutet fast, beinahe
tolerare ist ein Infinitiv Präsens Aktiv und bedeutet ertragen.

1. Wer kennt das Oktoberfest nicht? Es ist, wie es heißt, das größte Volksfest des ganzen Erdkreises.
2. Ich meinerseits habe mich dieses Jahr zum ersten Mal auf den weiten Platz begeben, den die Münchner „Wiese" nennen. Oh! Wie viele Süßigkeiten, wie viele Würste, vor allem wie viel Bier wird dort angeboten!
3. Durch diese Verlockungen aber ist mein Gemüt nicht entflammt worden. Ich eilte sofort auf die Fahrgeschäfte zu.
4. Das Fahrgeschäft, das den Namen Ptolemäus trug, gefiel mir am besten. In der Mitte befand sich gleichsam die Erde, sieben Fahrkabinen aber drehten sich wie Sonne, Mond und die fünf Planeten drumherum. Eine wie große Bewunderung flößte mir dieses Fahrgeschäft ein! Kann dem Menschen etwa etwas Angenehmeres geschehen als ebenso herumgedreht zu werden wie der Mond oder die Sterne?
5. Während ich so bei mir dachte, kaufte ich einen Chip. Ich betrat eine der glänzenden Fahrkabinen. Ein Diener nahm mir den Chip aus der Hand. Ich konnte den Fuß nicht mehr zurückziehen. Der Flug konnte nicht mehr aufgeschoben werden.

6. Nach und nach ist die Fahrkabine von dem eisernen Arm, an dem sie hing, herum- und nach oben geführt worden. Sobald ich die Verkaufsbuden und zahllosen Menschen sah, jauchzte ich vor Freude auf.

7. Bald aber wurde ich mit so großer Geschwindigkeit herumgedreht, dass mir fast der ganze Mut schwand. Ich erhob Geschrei: „Ich möge zur Erde zurückgebracht werden!" Niemand aber brachte mir Hilfe. Ich richtete Gebete an Iupiter Optimus Maximus, aber er lieh mir nicht seine Ohren. Schon glaubte ich, die letzte Stunde sei für mich herbeigekommen. Als ich die Furcht kaum (noch) ertragen konnte, blieb die Maschine endlich stehen.

8. Die Maschine blieb stehen, aber der Geist fuhr fort sich herumzudrehen. Ich konnte kaum stehen, (erst) nach und nach – ich will Gott danken – ist mir das Leben zurückgegeben worden.
   Glücklich, wem es erlaubt ist, die sichere Erde zu bewohnen! Glücklich, wer im Anblick der Sterne die Sterne nicht begehrt.

F

① ferri ② ferremus ③ latus sum ④ feres ⑤ tulissent ⑥ feratis ⑦ ferrer

Übung F 9
S. 109

1. *vis, malo, mavis*
   Frau Amalthea: Sebastian, sprich! Willst du mit dem Zug nach Florenz fahren oder mit dem Flugzeug?
   Sebastian: Ich will lieber fliegen.
   Frau Amalthea: Warum willst du lieber fliegen?
   Sebastian: Ich will lieber fliegen, weil das Flugzeug schneller ist als der Zug.
2. *Frau Amalthea:* Und du Albin, würdest auch du lieber fliegen wollen?
   Albin: Ich will nicht fliegen. Der Flug kostet mehr als die Fahrt. Meine Eltern aber sind arm.
3. *mavultis, malumus, volumus*
   Frau Amalthea: Und ihr, Heinz und Fritz, wollt auch ihr lieber mit dem Zug fahren?
   Heinz und Fritz: So ist es. Wir wollen lieber mit dem Zug fahren, weil Flugzeuge den Erdkreis stärker verschmutzen als Züge. Außerdem wollen wir mit dem Zug fahren, weil, wer fliegt, die Alpen und die romantischen Gegenden Italiens nicht betrachten kann.
4. *Korbinian:* So ist es nicht. Auch wenn du fliegen wirst, wirst du die Alpen sehen. Du wirst die Alpen sehen und zwischen den Bergen Wolken, die friedlichen Schafen ähnlich sind. Daher werde ich lieber fliegen wollen.
5. *Franziska und Gundula:* So ist es nicht. Fliegen ist gefährlicher als mit dem Zug zu fahren. Daher werden wir nicht fliegen wollen.
6. *Kasimir:* Das Flugzeug scheint mir das sicherste Fahrzeug zu sein. Lasst uns fliegen!
7. *malim, nolam, nolo*
   Frau Amalthea: Und du, Sarah, was willst du lieber?
   Sarah: Ich weiß nicht, was ich lieber will. Wenn Lea lieber fliegen will, will wohl auch ich selbst fliegen. Wenn Lea nicht fliegen wollen wird, werde auch ich selbst nicht fliegen wollen.
   Lea: Ich wollte immer lieber mit dem Zug fahren, weil ich glaube, dass das Flugzeug ein großes Übel ist.
   Sarah: Um die Wahrheit zu sagen: Ich hätte lieber fliegen wollen. Wenn aber Lea nicht fliegen will, will auch ich selbst nicht fliegen.

Übung F 10
S. 109

① hasse ② kenne ③ erinnere mich

1. *Oderis* (Fut. II): du wirst hassen gelernt haben = du wirst hassen
2. *Novit* (Perf.): er hat kennen gelernt = er kennt

Lückentext
S. 111
Übung F 11
S. 111

Fortsetzung Übung F 11	3. *Memineramus* (Plusq.): wir hatten in unser Gedächtnis aufgenommen = wir erinnerten uns
Lückentext S. 111	① Futur I ② Präsens ③ Perfekt ④ Imperfekt ⑤ Zukunft.

Übung F 12
S. 112

2. *Tum senior eram.* (Bei der Eroberung Galliens durch Caesar war Cicero zwischen 48 und 55 Jahre alt.)

3. *Tum infans eram.* (Bei der Abschaffung der Menschenopfer war Caesar erst 3 Jahre alt.)

4. *Scilicet memini. Tum adulescens eram.* (Beim Brand des Jupitertempels war Caesar 17 Jahre alt.)

5 *Scilicet meminimus. Tum iuvenes eramus.* (Bei der Verschwörung Catilinas unter dem Konsulat Ciceros war Cicero 43 und Caesar 37 Jahre alt.)

6. *Scilicet memini. Tum puer eram.* (Beim Sklavenaufstand unter der Führung von Spartacus war Marcus Antonius zwischen 9 und 11 Jahre alt.)

7. *Non memini.Tum infans eram.* (Bei der Verschwörung Catilinas war Octavianus, der spätere Kaiser Augustus, noch kein Jahr alt.)

8. *Scilicet memini. Tum adulescens eram.* (Bei der Ermordung Caesars war Augustus 19 Jahre alt.)

9. *Scilicet meminimus. Tum iuvenes eramus.* (Bei der Ermordung Ciceros war Antonius 39 und Augustus 20 Jahre alt.)

Übung F 13
S. 113

① odero ② novero ③ odi ④ novi ⑤ oderam ⑥ noveram ⑦ sum sine odio ⑧ sum sine scientia

Übung F 14
S. 114

a) *venit*:	1. er kommt	c) *venimus*:	1. wir kommen
	2. er ist gekommen		2. wir sind gekommen
b) *veni*:	1. ich bin gekommen		
	2. Komm!		

Übung F 15
S. 114

Der Lehrer: Endlich sind wir zum berühmten Pantheon gelangt, Schüler! Sollen wir zunächst um das Gebäude herumgehen oder eintreten?

Die Schüler: Lasst uns zunächst eintreten!

Ulf zu Olaf: Ich werde nicht eintreten. Ich werde Wein beschaffen.

Olaf: Ich flehe dich an: Komm bald zurück!

Der Lehrer hält eine lange Rede über das Pantheon. Plötzlich sieht er, dass Ulf nicht da ist.

Lehrer: Wo ist Ulf? Olaf, du bist Ulfs Freund. Du hast gewiss etwas über Ulf in Erfahrung gebracht?

Olaf: Eh, er sagt, er fühle sich nicht ganz wohl. Er hat das Pantheon nicht betreten.

Der Lehrer: Bleibt hier, Schüler! Ich will um das Pantheon herumgehen.

Der Lehrer ist um das Pantheon herumgegangen, aber Ulf hat er nicht gefunden.

Der Lehrer: Ulf habe ich nicht gefunden. Helft mir!

Der Lehrer und die Schüler suchen Ulf überall. Schließlich gelangen sie zur Spanischen Treppe. Dort treffen sie Ulf betrunken an. Er wird von finsteren Menschen umringt.

Der Lehrer: Endlich haben wir dich gefunden. Komm sofort mit uns, Ausreißer! Du bist nicht am Körper krank, sondern am Geist, wenn du dich mit diesen Menschen da gegen uns verschwörst.

Übung F 16
S. 115

edere	*edo*	*edi*	*esum*	= essen
emere	*emo*	*emi*	*emptum*	= kaufen
legere	*lego*	*legi*	*lectum*	= lesen
fugere	*fugio*	*fugi*	*fugiturus*	= fliehen

a) *fuga*: 1. Fliehe!
        2. die Flucht (Nominativ)
        3. die Flucht (Ablativ)

b) *legi*: 1. ich habe gelesen
        2. gelesen (zu) werden (Infinitiv Präsens Passiv)
        3. dem Gesetz (Dat. Sg. von *lex, legis* – das Gesetz)

c) *edi*: 1. ich habe gegessen
        2. gegessen (zu) werden (Infinitiv Präsens Passiv von *edere* – essen)
        3. herausgegeben (zu) werden (Inf. Präs. Pass. von *ēdere* – herausgeben)

Übung F 17
S. 115

1. *cepit* – Ein Fischer fing mit dem Netz zwei Fische.
2. Der eine war groß, der andere klein.
3. *petiverunt* – Beide suchten ihr Heil in der Flucht.
4. *fugit* – Der Kleine floh durch das Netz.
5. *potuit* – Der Große aber konnte nicht fliehen.
6. *involvit* – Der Fischer tötete den Großen und wickelte ihn in eine Zeitung, die nicht mehr gelesen wurde.
7. *emit, edit* – Ein reicher Mensch kaufte ihn und aß ihn.
8. Glückliches Zeitalter: Die Kleinen flohen, die Großen wurden gefangen, getötet, gegessen.

Übung F 18
S. 116

accidere	*accido*	*accidi*		hinfallen, sich ereignen
occidere	*óccido*	*occidi*		niederfallen, sterben
occidere	*occīdo*	*occīdi*	*occisum*	töten
concurrere	*concurro*	*concurri*	*concursum*	zusammenlaufen
bibere	*bibo*	*bibi*		trinken

Übung F 19
S. 116

1. Ein Teil des Stollens ist eingestürzt.
2. Ein Felsen hat zwei Römer getötet. Der eine ist über den anderen gefallen.
3. Wasser dringt in den Stollen ein.
4. Der schnellste der Römer ist schon zur Hilfe geeilt.
5. Die Menge der übrigen Römer läuft zusammen.
6. Ein gottloser Hund trinkt das Wasser.
7. Ein wie großes Unglück hat sich ereignet!

Übung F 20
S. 117

ascendere	*ascendo*	*ascendi*	*ascensum*	hinaufsteigen
comprehendere	*comprehendo*	*comprehendi*	*comprehensum*	erfassen
incendere	*incendo*	*incendi*	*incensum*	anzünden
exuere	*exuo*	*exui*	*exutum*	ausziehen
volvere	*volvo*	*volvi*	*volutum*	wälzen

Übung F 21
S. 117

a)
An einem einzigen Verb lässt sich erkennen, dass der folgende Text insgesamt im Präsens steht, nämlich an *caedit*.
(Alle anderen Formen sind doppeldeutig. Sie können sowohl Präsens als auch Perfekt sein. Dadurch, dass *caedit* aber ganz klar eine Präsensform ist, musst du die meisten übrigen Verben ebenfalls mit Präsens übersetzen.
Die entsprechende Perfekt-Form zu *caedit* lautet übrigens *cecidit*.)

Übung F 22
S. 118

b)
1. Der Holzfäller besteigt schon vor Tagesanbruch den Berg. Die Finsternis der Wälder fürchtet er nicht. Der Mond zeigt den Weg.
2. Der Holzfäller findet/hat gefunden eine gewaltige Eiche. Den Stamm der Eiche umspannt er kaum mit seinen Armen.
3. Der Holzfäller fällt die Eiche mit der Axt.

F

4. Den gefällten und von den Ästen befreiten Stamm wälzt er in den Sturzbach.
5. Der Sturzbach, der den Stamm wälzt, stürzt sich den Berg herab.
6. Der Holzfäller zündet die Äste an.
7. Von der Flamme erwärmt zieht er sein Gewand aus. Er beschließt/hat beschlossen zu frühstücken.
8. Am Nachmittag steigt der Holzfäller vom Berg herab, er eilt nach Hause.

F

Quellenverzeichnis

S. 14 f. Der Kampf zwischen den Horatieren und Curiatiern: nach Livius I, 24 f.

S. 33 Anleitung für das Entfachen von Feuer: nach Plinius d. Älteren XVI, 207

S. 35 ff. zu den Vestalinnen: nach Gellius, *Noctes Atticae* I, 12

S. 39 Streit der Rechtsgelehrten über die Vestalin Aurelia, die den Sturz vom Tarpeischen Felsen überlebt hat: nach Seneca d. Älteren, *Controversiae* I, 3

S. 58 Übersetzung von „Der Mond ist aufgegangen": Franz Schlosser, *Cantate Latine*. Stuttgart 1992, S. 62 f., © Philipp Reclam jun.

S. 70 Opferbräuche der Römer: nach Cato, *de agricultura*, CXLIII, CL, CLII

S. 80 Pflichten des Verwalters: vergl. Columella 11, 1 / Cato, *de agricultura* II

S. 89 Betrieb der Thermen: vergl. Seneca, *ep.* 56

S. 99 ff. Hannibals Zug über die Alpen: nach Livius XXI, 31–37